La niña que no sabía odiar

La niña que no sabía odiar

MI TESTIMONIO

Lidia Maksymowicz
y Paolo Rodari

Traducción de Ana Ciurans

Rocaeditorial

Título original italiano: *La bambina che non sapeva odiare. La mia testimonianza*

© 2022, Lidia Skibicka Maksymowicz y Paolo Rodari
c/o la Associazione La Memoria Viva

Derechos de traducción acordados a través de Vicki Satlow of The Agency srl.

Prólogo del papa Francisco: © Libreria Editrice Vaticana

Pliego de fotos de la Associazione La Memoria Viva di Castellamonte (TO).

Primera edición: junio de 2023

© de la traducción: 2023, Ana Ciurans
© de esta edición: 2023, Roca Editorial de Libros, S.L.
Av. Marquès de l'Argentera 17, pral.
08003 Barcelona
actualidad@rocaeditorial.com
www.rocalibros.com

Impreso por Liberdúplex
Printed in Spain – Impreso en España

ISBN: 978-84-19449-98-6
Depósito legal: B 10871-2023

Este libro está dedicado a los niños
que no tuvieron la suerte de sobrevivir
al infierno de Birkenau y a mis dos madres,
a quienes debo la vida

27 de enero de 2022

Me hace feliz que el libro de Lidia, superviviente del campo de exterminio de Auschwitz-Birkenau, se publique el Día Internacional de Conmemoración en Memoria de las Víctimas del Holocausto. Espero que este texto contribuya a recordar lo que pasó. Aquello que dije en la audiencia general del 27 de enero de 2021 todavía tiene validez: «Recordar es, en efecto, expresión de humanidad. Recordar es señal de civilización. Recordar es condición para un futuro mejor de paz y fraternidad. Recordar también es estar atentos porque estas cosas pueden suceder otra vez, empezando por propuestas ideológicas que empiezan con la intención de salvar a un pueblo y terminan por destruirlo, a él y a la humanidad. Estad atentos a cómo ha empezado este camino de muerte, de exterminio, de brutalidad».

Cuando el 26 de mayo de 2021 saludé brevemente a Lidia en el patio de San Dámaso, quise besarle el brazo donde, en el campo de exterminio de Auschwitz-Birkenau, le tatuaron un número: 70072. Fue un simple gesto de reconciliación para que la memoria se mantenga viva y podamos aprender de las páginas negras de la historia para que esta no se repita, para no cometer nunca más los mismos errores. Sigamos, pues, esforzándonos sin cesar en cultivar la justicia, aumentar la concordia y apoyar la integración, en ser instrumentos de paz y constructores de un mundo mejor. Sostengamos, pues, la misión de Lidia, que el año pasado dijo: «La misión que he elegido y que llevaré adelante mientras viva es contar lo que pasó. [...] Contarlo, sobre todo a los jóvenes, para que no permitan que nunca más vuelva a ocurrir algo así».

Mensaje

de Liliana Segre

$\mathcal{L}$a historia de Lidia es una esquirla en el universo de los campos de concentración. El lugar maldito es Birkenau, los sucesos que se narran son una partida de dados con la muerte; el trasfondo, la más inenarrable tragedia del siglo xx, el año cero de la civilización. Pero ¿por qué seguir hablando de eso? Por sentido del deber, el deber de la memoria, ahora y siempre, como un mantra del tercer milenio. La palabra clave es memoria, esa clase especial de memoria que hay que practicar para mantener la buena salud de la democracia. Quienes lo olvidan están expuestos a los peligros de la intolerancia y la violencia.

Pero ¿cómo se vacuna uno contra ese «odioso virus»?

Estudiando la historia y aplicando la Constitución, en la que todo tiene origen. A los chicos y chicas que hojearán estas páginas dirijo mis deseos de un luminoso futuro libre de las sombras del pasado, un pasado que no pasa para quienes como yo todavía se sienten en parte sumidos en él y en parte salvados.

Mensaje

de Sami Modiano

Conocer a una persona como Lidia me emocio- nó. ¡No pude evitar abrazarla!

¡Su historia, tan parecida a la mía, la soledad y la terrible experiencia en el campo de exterminio, arrancada de los brazos de su madre con apenas tres años, la incertidumbre del mañana!

Cuántas cosas nos unen: la experiencia dolorosa de nuestro pasado, pero también la voluntad de no rendirnos, que nos ha ayudado a superar los obstáculos de la vida.

La herida permanece abierta, pero al igual que Lidia encontró a su madre al cabo de tantos años y contó su historia, yo también di con una persona que me ha cuidado y ha permanecido a mi lado: mi mujer, Selma.

El libro de Lidia debe ser un ejemplo de vida, esperanza, coraje, perseverancia en el bien, amor hacia el prójimo y ¡nunca más guerras!

Tras haber callado durante tantos años, he decidido hablar, como ella; hablar públicamente de mi experiencia para dejar mi mensaje: nunca más.

1

*S*on solo imágenes aisladas, destellos que van y vienen en la oscuridad de una noche lejana y a la vez cercana, tan cercana que parece ayer. Me acompañan desde hace años, desde cuando me deportaron con mi madre al campo de exterminio.

Tengo casi cuatro años. Ella, veintidós.

Me lleva en brazos cuando bajamos al andén de Birkenau. Estamos en diciembre de 1943. Hace mucho frío. La nieve cae como hielo. El viento arrecia. A nuestro alrededor solo hay desolación. Miro el vagón de color marrón rojizo en el que hemos viajado amontonados durante días, con las piernas entumecidas y la sensación de que moriríamos ahogados de un momento a otro. La tentación más fuerte es volver a subir. Hace un instante, solo deseaba bajar, respirar oxígeno, aire. Ahora no. Quiero volver ahí dentro, volver atrás, volver a casa.

Recuerdo un fuerte abrazo. Mi madre me tapa la cara. O quizá soy yo la que hunde el rostro en su pecho, ya huesudo tras varios días de un viaje que se me ha hecho eterno. El tren aceleraba y ralentizaba sin cesar, hacía paradas larguísimas en medio de parajes desconocidos.

Algunos soldados alemanes separan a los recién llegados en dos filas. Otros nos vigilan desde lo alto de una torre de ladrillos, unos cuantos metros a nuestras espaldas. Nosotras vamos a parar a la de la derecha. La mayoría acaba, en cambio, en la de la izquierda, formada por los más ancianos, probablemente los que consideran frágiles y débiles. Ciertas señales dan a entender cómo terminará todo aquello. No hay palabras,

14

solo resignación. Falta la energía necesaria para cualquier forma de rebelión. Faltan las fuerzas para ponerla en práctica.

Huelo mal, como mi madre. Huelen mal todos los que acaban de bajar del tren. Sin embargo, ese olor es la única cosa amiga, familiar, en un mundo desconocido. ¿Dónde hemos ido a parar? Nadie pregunta y nadie da explicaciones. Estamos aquí y punto.

Nunca olvidaré los ladridos de los perros. Cuando oigo ladrar a un perro por la calle, mi mente todavía regresa aquí, a este andén suspendido entre la nieve y el viento donde los soldados gritan en una lengua desconocida. Las SS —aprenderé que se llaman así— vuelven en sueños, en sueños que parecen reales y que me despiertan de golpe en el corazón de la noche, sudada, atemorizada y temblorosa. Gritan sin que pueda comprender el sentido de sus palabras, escupen, se ríen con desprecio, nos miran con odio.

Los animales están sujetos con correas. Hostigados por las fustas, echan espuma por la boca.

Los alemanes se divierten azuzándolos contra nosotros y los perros enseñan los dientes, se levantan sobre las patas de atrás sin saber que las presas ya se han rendido, ya están muertas.

Me separan de mi madre a la fuerza. Hacen lo mismo con otros niños. Gritos y llantos. No sé adónde se la llevan. La veo al poco, rapada y completamente desnuda. No le queda un solo cabello. Pero me abraza y sonríe. Lo recuerdo, me sonríe como queriendo decir: «Tranquila, no pasa nada». Le pregunto: «¿Dónde están tus trenzas?». No me responde. «¿Y los abuelos? ¿Dónde se han llevado a los abuelos?». Tampoco me responde.

Miramos al fondo del campo. Sale humo negro de dos chimeneas. Más adelante descubriré que son la vía de escape de las llamas que arden en los hornos crematorios. Hollín que cubre el cielo; hollín, me contarán, que tapona los pulmones de la población polaca en un radio de varios kilómetros alrededor, más allá de Oświęcim, más allá del Vístula. Huele a carne quemada. Huele a muerte. No nos decimos nada. Nadie dice nada. Los polacos también lo huelen sin poder reaccionar. Ellos y nosotros lo intuimos todo. Mis abuelos ya no están.

Más allá de las chimeneas hay una alambrada; más allá de la alambrada, árboles desnudos y un claro que se pierde hasta donde alcanza la vista. Me gustaría estar ahí fuera, correr hacia la libertad, lejos, lo más lejos posible. La libertad está tan cerca… y es a la vez tan inalcanzable… No son más que unos metros, pero no es posible acercarse. Me cuentan que algunos trataron de saltar la alambrada. Se electrocutaron. A otros los ametrallaron a pocos pasos de la fuga.

17

Hoy me cuesta reconstruir lo que viví. Con más de ochenta años no sabría decir si las imágenes que se asoman como destellos a mi memoria son fruto de lo que realmente viví o de lo que años después me contaron los amigos más mayores que lograron sobrevivir. De lo que estoy segura es de que estuve allí. Yo estuve allí. Mis recuerdos y las historias de los demás se solapan hasta fundirse. Y ya no sé distinguir del todo lo que es mío y lo que es suyo, pero no puedo evitarlo. Es lo que hay.

Cuando entro en el campo, soy muy pequeña. Cuando lo dejo, ya he cumplido los cinco años y voy para seis. Me cuento entre las niñas que vivieron más tiempo allí dentro, quizás una de las más pequeñas que lograron sobrevivir, salvarse. A veces me pregunto si entonces no era demasiado pequeña para poder contar algo hoy en día. Es difícil responder a eso. Lo cierto es que unos trece meses en Birkenau marcan profundamente a cualquier edad. Aquellos días, meses y años son una herida que me acompaña desde siempre y que, estoy segura, irá conmigo el resto de la vida. Es más, el hecho de no recordarlo todo pormenorizadamente aumenta el dolor que causa la herida, su peso. No tengo plena conciencia de todos los abusos que sufrí. Sin embargo, los sufrí. Viven dentro de mí, en mi inconsciente. Son

18

mis compañeros de viaje. Molestos y presentes a partes iguales, influyen en mis jornadas, en mis silencios, en mis sonrisas y en los momentos de tristeza que vienen después. Birkenau nunca muere. Birkenau forma parte indeleble de quienes estuvieron allí. Es un monstruo que sigue hablando, comunicando su indecible experiencia.

De eso me doy cuenta después de cada conferencia a la que asisto en cualquier lugar del mundo para dar testimonio y contar lo que viví, cada vez relato algo que antes no había contado. Detalles enterrados en la mente afloran y encuentran nuevas palabras que me sorprenden, a mí la primera, y que sorprenden a mis familiares, a las personas que me quieren.

—Eso no lo habías contado —me dicen.

—Lo sé —respondo—. Siempre estuvo dentro de mí, pero hasta ahora no ha encontrado la salida.

Creo que es porque en Birkenau era una niña. Los niños almacenan recuerdos, a veces los ocultan, otras se confunden, pero no olvidan. Nunca.

Y cuando crecen reviven lo que les ocurrió con una nueva conciencia. Lo que la mente entierra no muere. Revive. Con el tiempo vuelve a vivir. A menudo, de los abusos sufridos se toma plena conciencia al cabo de años, incluso décadas. Así es para muchos. Así es también para mí.

¿Qué me hicieron durante aquellos largos meses de cautiverio? Mi cuerpo lo vivió y mi mente lo enterró sin olvidarlo. Y, año tras año, lo devuelve, como el mar hace con los restos.

Pienso a menudo en mi espíritu. Lo comparo con un antiguo glaciar que se derrite. En Birkenau, el gran frío lo cubrió todo: emociones, sentimientos, palabras. Luego, lentamente, el hielo les hizo un sitio a otras estaciones. La temperatura externa fue haciéndose más templada. Y lo que antes había permanecido cubierto fue saliendo a la luz.

Enfrentarse a todo esto no es fácil en absoluto. Es la misión de mi vida. Ardua, pero a la vez indispensable. Lo hago por mí misma, por supuesto, pero también por los demás, por mis amigos y conocidos, por los amigos de mis amigos, por quienes no conozco pero forman parte de la familia humana. Quiero ser sincera, decir clara y sin guardarme nada lo que pienso: la oscuridad de los campos no se ha archivado de una vez por todas. El odio que alimentó aquellos lugares siempre está al acecho, puede volver a aflorar. Hay que seguir vigilante, sobre todo con la memoria, con el relato de lo que sucedió. ¿De qué sirvieron los inviernos de los campos de exterminio? ¿De qué sirvieron si no para que la humanidad tomara al menos conciencia de su lado más oscuro y pusiera todo de su parte para evitar que vuelva a despertarse, a tener voz, ciudadanía, energía, linfa? ¿De qué sirve Birkenau y de qué sirven los campos de exterminio si no es para impedir que la oscuridad vuelva a echársenos encima?

Leo en los periódicos sobre la aparición de nuevos antisemitismos. Para quienes como yo

21

vivieron en los campos, parece imposible, pero es algo inminente. Porque para quienes sobrevivimos a los campos no son sucesos de antaño, sino de ayer, de hace unas horas, son infiernos apenas superados. Están aquí, a la vuelta de una esquina que acabamos de doblar para cambiar de rumbo. Así pues, todavía es posible recaer.

¿Qué error se cometió antes de que abrieran los campos? Recibir con los brazos abiertos palabras hostiles, por encima de toda lógica, que de repente se consideraron legítimas. Y sigue siendo así. Volvemos a admitir palabras que suenan a odio, separación, cierre. Cuando oigo a los políticos pronunciarlas, me falta el aliento. Aquí, en mi Europa, en mi casa, resuenan de nuevo aquellas terribles palabras. Es precisamente ahora, en momentos como este, cuando la oscuridad puede volver a caer sobre nosotros. No lo olvidemos nunca.

Mi madre es una mujer guapísima. En el tren camino del infierno lleva su largo cabello rubio recogido en trenzas. Es fuerte, atlética, está orgullosa de sus orígenes. Es bielorrusa y desciende de las tribus eslavas del este. Partisana resistente a cualquier invasor, solo se rinde cuando la capturan los nazis, hacia finales de 1943. Pero en el campo sigue luchando y resistiendo. En Birkenau, su estrategia es el silencio. En los bosques de Bielorrusia hablaba, mandaba, organizaba la defensa de los nuestros. Era presente y activa. En Birkenau, en cambio, hace lo contrario. No habla. Finge indiferencia con los enemigos. Y, sobre todo, aprende a reptar.

De su barracón al mío —me di cuenta cuando visité tiempo después aquel lugar de muerte— solo hay unos cincuenta metros, apenas nos separa otro barracón. De vez en cuando, mi madre se la juega y viene a verme. Hay un alemán apostado en una torre de madera que apunta con un fusil. Observa el más mínimo movimiento; así pues, quien comete un pequeño error acaba mal. Si la ve reptar, se terminó: no hay escapatoria al fusilamiento o a la cámara de gas. Pero ella

23

sale igualmente. Se sumerge en la oscuridad. Se mimetiza entre la hierba y el barro. Repta. Repta sin miedo.

De nuestros encuentros recuerdo sobre todo los abrazos. No hay comida. Sin embargo, de vez en cuando mi madre me trae cebollas. Las como a trocitos que primero me mete en la boca con sus dedos huesudos; luego yo me los acabo sola en la oscuridad de la noche. A veces noto tierra entre los dientes, suciedad. No disponemos de agua para enjuagarlas. Hay que comérselas tal cual, sin desperdiciar ni una miga. No las comparto con nadie. El instinto que me guía es, sobre todo, el de sobrevivir. Es duro admitirlo, pero es lo que hay. Y lo mismo vale para los demás niños. Es un instinto animalesco, feroz y brutal. Es en lo que nos hemos convertido. Es lo que somos. Lo que tenemos en común en Birkenau.

Lo admito, me cuesta mucho recordar todo lo que nos decíamos. Diálogos que existieron, pero de los que solo recuerdo pocas frases, entre las cuales hay una que solía decirle y que es más o menos la siguiente: «No me dejes solo cebollas, por favor, déjame tus manos para que me hagan compañía en las noches oscuras».

Las noches del campo eran terribles: el miedo a la oscuridad, la sensación de que me habían abandonado y me había perdido para siempre.

Las manos de mi madre están sucias. Y macilentas. Se agarran a las matas de hierba mientras repta en la oscuridad. A veces tantean el barro y hunden las negras uñas en la tierra mojada por la lluvia. Avanzan a tientas, metro a metro, poco a poco.

25

Cuando está segura de que no la ven, se escurre de su barracón y se dirige al de los niños, el mío, reservado a los conejillos de indias del doctor Josef Mengele. Me busca entre las tablas de madera que nos sirven de cama. Hay tres en cada compartimento, colocadas una encima de la otra a lo largo del perímetro rectangular del barracón. Nosotros también estamos los unos encima de los otros, hacinados como hormigas. Pronto aprendí que era mejor estar en la tabla más alta, la más cercana al techo, en la que no se te caen encima las necesidades de tus compañeros. Pero no siempre logro hacerme con ella; a veces tengo que contentarme con la de en medio. En otras ocasiones, en cambio, me veo obligada a tumbarme en la más baja, la que está más cerca del suelo. En ese caso sé lo que me espera: excrementos malolientes. Lo acepto en silencio. Quejarse y llorar puede ser interpretado como señal de debilidad y abocarte al fin. En Birkenau siempre hay que mostrarse fuerte, decidido; no arrogante pero vivo.

Mi madre me busca.

Va de catre en catre susurrando mi nombre.

«Luda», dice en voz baja.

Si nadie le responde, sigue buscándome.

Y vuelve a llamarme: «Luda».

Necesita venir a verme de vez en cuando, aunque solo sea para cogerme las manos y comprobar que sigo allí, que, mientras ella ejecuta los trabajos forzados, el doctor Mengele no se me ha llevado y me ha matado. O, al menos, que he vuelto con vida al barracón. Discapacitada quizá, pero viva.

No faltan, por supuesto, los días en que nos sumimos en la desesperación. Como la vez que va a mi barracón y no me encuentra. No estoy en las tablas de madera. Repta sobre las baldosas del suelo, único lujo que los detenidos adultos han logrado obtener de las SS para nuestro barracón. Como los demás, no tiene cimientos, pero le han colocado un suelo de verdad. Mi madre se desliza sobre los dibujos que algunos de nosotros hemos hecho sobre las paredes húmedas y grises. No estoy en ninguna parte. Es como si hubiera desaparecido. Le dicen que hace un día que Mengele se me llevó. Se marcha desesperada. Vuelve al día siguiente. Nada. No me encuentra. El tercer día me vislumbra, medio desmayada, sobre una mesa. Estoy tumbada, casi en coma, con la piel transparente como el cristal. A Mengele quizás se le ha ido la mano, no he muerto de milagro.

Mi madre me acaricia, trata de reanimarme. No puede hacer nada más, pero logro sobrevivir.

27

Me despierto a pesar de todo. Un milagro de vida en días de muerte y desolación.

Pasar trece meses en Birkenau significa soportar dos veces el frío del invierno. Lo mismo vale para el bochorno sofocante de los veranos de la Europa continental. Y esas primaveras, que a pesar de las flores que crecen alrededor del campo, entre la hierba y las cenizas de los muertos incinerados, no dan esperanza. Por último, los otoños, cuando vuelve el frío, cuando los días no tienen futuro y huelen a final y a muerte.

Jamás indagué a fondo la procedencia de las cebollas, aunque con el tiempo me hice una idea. En Birkenau no se cultiva nada, pero mi madre es una mujer joven y sana, y cada día sale del recinto para trabajar excavando el lecho del río, ubicado más allá de los hornos crematorios. Obligan a hombres y mujeres en pésimas condiciones físicas a reparar diques a lo largo de su curso, a limpiar estanques, a cortar juncos y cañas que crecen en los alrededores. Los nazis han desalojado la aldea de Harmęże, cercana al campo. Han construido una granja dedicada a la cría de aves que sirve para producir alimentos y sustentar a las SS. Algún prisionero logra robar algo. Pero creo que las pocas cebollas de mi madre no proceden de estos pequeños pero importantes hurtos, sino de la generosidad de algunos polacos que viven cerca del campo. Ella prefiere no dar muchas explicaciones. «Toma», dice ofreciéndome el botín. Y yo obedezco sin preguntar.

A medida que la guerra se recrudece, los encuentros con mi madre se hacen cada vez más esporádicos. Pasa lo mismo con las palabras que me susurra al oído intentando que no la oigan, procurando no llamar la atención. Me pide con insistencia que le repita mi nombre, los años que tengo, de dónde vengo. Quiere que aprenda estas cosas para que, si ella no sobrevive, yo no olvide quién soy, cuáles son mis orígenes; para que no me olvide de ella, mi madre, que me ha dado la vida y ha sido la primera en besarme, acunarme, amarme; para que yo pueda decírselo a quien encuentre en mi camino. «Me llamo Ljudmila; Luda para mi familia. Tengo cinco años, vengo de Bielorrusia, de la región de Vítebsk, en la frontera con Polonia», repito hacia el final del cautiverio. Me promete que tarde o temprano me sacará de allí; me promete que todo acabará pronto y que volveremos a nuestros bosques, a nuestra tierra, a nuestra amada aldea…; sin embargo, los días se suceden y todo sigue igual. La escena que habíamos vivido se repite: deportados separados en dos filas. La mayor parte morirá y solo sobrevivirá una minoría. Quien trata de rebelarse es ajusticiado en el acto. Son animales, pensamos de los alemanes. No son más que animales. A veces nos disponen desnudos ante ellos; niños, mujeres y hombres desnudos ante sus ojos. No saben que no nos avergonzamos. Uno no siente vergüenza delante de un animal. Para nosotros, desnudos o vestidos es indiferente.

Cuando mi madre vuelve a su barracón, me encierro en mi mundo. Mi mundo está hecho de silencio, y pronto comprendo que el silencio es la única respuesta que puede darse a nuestros verdugos. El silencio es la única posibilidad que tengo de sobrevivir. Lo aprendo instintivamente, sin que nadie me diga ni me explique nada. No tengo maestros dentro del campo, no tengo amigos, no tengo nada. Estoy sola con mi instinto. Me quedo callada cuando una rata salta sobre mis piernas en busca de alimento; cuando, en el corazón de la noche, un niño que está a mi lado suelta el último estertor y muere; cuando las pulgas y las garrapatas me pican; cuando las SS vienen a buscarme para conducirme al laboratorio de Mengele. Es un silencio en el que trato de desaparecer para no morir. Un silencio que no rompo ni con mi madre, que a pesar de su cara de desesperación trata de mantener la entereza y de darme ánimos. No quiero mostrarme débil ni siquiera delante de ella. No quiero hacerla sufrir. Y tampoco quiero sufrir.

No lloro, no grito, no pido nada. Aprendo a ahogar mis sentimientos. Están vivos dentro de mí, pero no tienen derecho a existir ni a expresarse. Quienes sufren un gran trauma, o se dejan superar por la locura, o aprenden lo que es la apatía. Yo elegí esto último. El mundo me resbala y, pase lo que pase, solo pienso en sobrevivir. Sobrevivir a la espera de que lleguen tiempos mejores.

Cuando me asalta la nostalgia de mi madre, de mi padre, que se quedó en Bielorrusia, o de mis abuelos, que ya no están, me la trago. No puedo llorar, no puedo reír, no puedo sentir nada. Mi cara se ha vuelto de mármol. Rígida. Y también mi espíritu.

No comprendo bien qué es Birkenau, no sé exactamente por qué estoy aquí, por qué nos eliminan, por qué no hay juegos, sonrisas y abrazos, por qué de vez en cuando nos ponen en fila india fuera del barracón, por qué eligen a algunos de nosotros, los niños, para los experimentos de Mengele. No comprendo casi nada de qué ocurre, pero dentro de mí está muy arraigada la intuición de que mi misión es vivir, no morir.

Años después de Birkenau, un periodista me preguntó si odiaba a las SS, si odiaba a los alemanes —sus palabras, sus uniformes, su maldad y su violencia—, si odiaba a quien me había robado la infancia. Respondí que no. Luda es, en verdad, una niña que no puede odiar porque tampoco puede amar. No puede sentir nada. Me anestesié para sobrevivir al exceso de dolor, de desesperación, al mundo absurdo que de repente se me tragó.

En Birkenau no odio, no amo, no tengo amigos ni compañeros de juegos. No tengo nada. Trato de no meterme en líos. Huyo de todo, huyo del dolor que me rodea y, por lo tanto, de mí misma. De vez en cuando, esa niña vuelve a vivir en mí, hasta tal punto que a Luda aún le cuesta permitirse tener sentimientos, aún tiende a ocultarlos, a pensar solamente en sobrevivir, a esconder lo que siente y lo que desea porque su única misión es resistir y sobrevivir. Pero tengo que admitir que dejar mi testimonio me ayuda. Aunque contar es ayudar a los demás a comprender lo que pasó, ayudar al mundo a no olvidar, para mí también significa revivir aquellos tiempos y comprender que, si en el campo no tenía sentimientos, no era culpa mía. Fue una forma necesaria de defensa, la única posible. He aquí, pues, quién fue Luda: la niña que no sabía, y no podía, odiar. Pero tampoco amar.

Confío en mi madre. Creo en sus últimas palabras antes de partir para la marcha de la muerte hacia Bergen-Belsen: «Acuérdate de cómo te llamas y de dónde vienes, porque yo volveré y te sacaré de aquí». Estamos a finales de 1944. Descubriré más tarde que en aquel momento las fuerzas soviéticas avanzan hacia Polonia, hacia Birkenau y Auschwitz. La liberación se acerca. Los alemanes, conscientes del final, han tomado la decisión de desplazar a los deportados a otros campos ubicados en Alemania. Llegan los trenes. El primer destino de muchos prisioneros es Wodzisław Śląski; luego los llevarán más allá, al corazón de Alemania. A mi madre la destinan a Bergen-Belsen. Entra en mi barracón para despedirse. Está nerviosa. Tiene miedo de no volver a verme. No sabe qué será de ella, qué será de mí. Hemos sobrevivido como topos en un campo lleno de enemigos. Durante meses habrían podido eliminarnos por los más fútiles motivos. No ha pasado de milagro. Un destino incomprensible y a la vez ciego, aleatoriamente injusto, nos ha salvado, nos ha perdonado sin poseer mérito alguno. Pero el equilibrio todavía es frágil. Puede ocurrir cualquier cosa.

De aquel último encuentro recuerdo sus ojos. Me miran con amor y a la vez con desesperación. Me sujeta la cabeza mientras me mira y me besa. Soy su hija, soy su corazón y su amor. Recuerdo sus palabras. Me las repito durante días después de su marcha: «Acuérdate de cómo te llamas y de dónde vienes». Soy Luda Boczarowa, tengo cinco años, soy de Bielorrusia. Mis abuelos maternos llegaron conmigo a Birkenau, en aquel gran vagón de color rojo púrpura. Se los llevaron inmediatamente de las vías y los gasearon. Murieron al cabo de pocos minutos. A mi padre se lo llevó el ejército ruso, antes de la deportación. A mi madre y a mí nos condujeron a Birkenau. Luego a ella la trasladaron a Bergen-Belsen. A mí me eligió el doctor Mengele en el mismo andén. Era pequeña, pero perfectamente sana, y aparentaba más años de los que tenía. Me quedé sola en el campo. Mi madre ya no está. Se la llevaron antes de la liberación. Los alemanes también se han marchado. Me he quedado sola, pero me juro a mí misma ante Dios que mientras tenga vida trataré de encontrarla y volveré a abrazarla fuerte, como hicimos la última vez. Y le diré lo único que cuenta: «Te quiero, mamá».

2

$\mathcal{T}$ras la invasión de la Alemania nazi, en las lla-

nuras de Bielorrusia próximas a la frontera con Polonia, los trenes alemanes empiezan a echar humo por la mañana temprano. Transportan hombres y armamento. Adolf Hitler desplaza sus tropas para conquistar nuevo «espacio vital» en Europa del Este. Mi país es una presa importante, un enclave estratégico cercano a la Unión Soviética. Por eso los bielorrusos somos víctimas de un conflicto que nos es ajeno; invadidos, nos convertimos de un día para otro en extranjeros en nuestra propia tierra. El miedo se apodera de nuestras calles. La gente se refugia en sus casas. En las ciudades, confinan a los judíos en guetos, los aprisionan en barrios que cada vez son más inseguros, hasta el día en que las SS deciden deportarlos a lugares lejanos.

Los silbatos de las locomotoras nos despiertan en plena noche. Y siguen durante el día. Por turnos, los niños se esconden en los bosques que bordean las vías para espiar el armamento que transportan; luego informan a sus padres, que a su vez informan a los jefes del movimiento clandestino partisano.

Recuerdo las vaharadas de humo y cuán grandes me parecían las ruedas de hierro, las carreras desenfrenadas de mis amigos, el orgullo en los ojos de los adultos cuando entregábamos nueva información. No lo entendíamos todo, pero sentíamos que formábamos parte de un gran proyecto.

Nos convertimos en partisanos. Cuando los alemanes invadieron y quemaron nuestra aldea, cercana a la frontera polaca, mis padres, mis abuelos maternos y yo nos fuimos a vivir a los bosques de las grandes llanuras. Mi familia colaboraba y trabajaba para la resistencia.

Yo sigo a los niños más mayores, o estoy en brazos de mi madre, que corre por los caminos que bordean las vías del tren. Cuando pasa uno, nos escondemos entre el follaje y detrás de los matorrales. Me quedo quieta, tumbada en el suelo; el corazón me late enloquecido. Luego volvemos atrás y nos unimos al grupo de los que tienen información para dar.

Recoger noticias es, de hecho, el único juego al que jugamos los niños a principios de 1943, el año en que mi vida y la de muchos de mis paisanos cambió para siempre. No se nos permite jugar a otras cosas. El miedo atenaza todo el territorio. No podemos permitirnos pasatiempos ni distracciones. Somos niños, pero nos tratan como a adultos. Como los adultos, tenemos que luchar para no morir.

ϒ

Anna, mi madre, es joven e indomable. Tiene un carácter rebelde, parecido al de mi padre, Aleksander. Él es más reflexivo; ella, más instintiva. Pero ambos comprenden al vuelo de qué lado está el mal. La ideología nazi es el enemigo contra el que combatir y al que resistir. Ambos son católicos. A diferencia de otros, enseguida son conscientes de la abominación nazi. No pactan con el poder, no tergiversan, no dudan. Toman partido contra Hitler y su Alemania, deciden oponerse. Se ponen del lado de los judíos. Es cierto que la ideología soviética a menudo está impregnada de antisemitismo. Lo saben mis padres y también muchos partisanos. Ellos tratan de resistir sin comprometerse con ninguna de las dos partes. Ser diferentes, o al menos tratar de serlo, es el rasgo distintivo de la mayoría de los bielorrusos en esos meses difíciles.

Mi madre acude a menudo a vigilar los trenes. Camina a ras de tierra, repta entre los matorrales a lo largo de las vías y escucha los ruidos lejanos; las voces del bosque son palabras que sabe traducir y advierte la llegada de los vagones antes que los demás. Tiene olfato. Apunta la información en una pequeña hoja que oculta entre mis rubios tirabuzones. Por eso me lleva con ella. En efecto, el peligro de toparse con algún soldado nazi siempre acecha. Normalmente no registran a los niños. Hay redadas cotidianas en todo el territorio. En los bosques estamos más seguros, sin duda, pero en estos meses todo puede ocurrir de un momento a otro. En las aldeas de la llanura ya han sido capturados muchos judíos y partisanos como nosotros, y no se ha vuelto a saber nada de ellos; puede que hayan acabado en los campos de trabajos forzados para prisioneros, más allá de la frontera, en Polonia, o bien en Alemania. Los guetos se desmantelan en pocos días: buscan a sus habitantes casa por casa y los sacan a la fuerza. En los bosques, con nosotros, se refugian algunos judíos. No entiendo qué diferencia hay entre ellos y nosotros ni por qué tiene que haber una diferencia. Los adultos hablan de la violencia de los alemanes contra algunos grupos de personas, pero para mí todos somos iguales: bielorrusos. Observo y soporto, como los demás.

Mis padres conocen muy bien los senderos y los escondrijos. Se mueven como liebres tanto de día como de noche. No solo resisten recogiendo información, sino también invitando a las familias judías a unirse a ellos. Huidas de sus aldeas, estas personas vagan sin una meta segura. El riesgo que corren es enorme. La caza al hombre de los alemanes empezó hace tiempo. Oponerse es una obligación moral. Hay que sobrevivir, luchar y ayudar a los más vulnerables.

Como muchos otros partisanos, vivimos en una *zemlyanka,* un agujero excavado en la tierra donde normalmente se guardan las patatas en los largos inviernos. A menudo, tenemos que cambiar de *zemlyanka*. Cuando los alemanes las descubren, las destruyen. Por suerte, los centinelas apostados en los confines del bosque avisan cuando los enemigos merodean por la zona y tenemos tiempo de abandonar rápidamente los refugios y huir. Tratamos de cubrir con hojas la *zemlyanka,* pero muchas veces no es suficiente y los alemanes la destrozan. Los oímos gritar a lo lejos. Se ponen furiosos porque no nos han capturado. Nos desplazamos a zonas menos accesibles, pantanosas y más inhóspitas. Otra *zemlyanka* más húmeda y menos acogedora se convierte en nuestra casa. Mis padres están dispuestos a seguir viviendo así para siempre. Durante meses, si es necesario. No es una vida digna, pero al menos somos libres, todavía dueños de nosotros mismos.

A veces nos topamos con otras pequeñas comunidades de partisanos. Las más organizadas cuentan con una enfermería, una escuela para niños, una sinagoga y pequeños talleres. Tratan de recrear en el bosque la vida de las aldeas. Muchos sobreviven cultivando cebada y trigo. Algunos grupos están dirigidos por partisanos comprometidos con la Unión Soviética. Mis padres tratan de mantenerse independientes. Resistir a todo y a todos es su lema.

43

Mis abuelos son viejos, pero demuestran que aún poseen un buen temple. Han llevado consigo al bosque a Michał, mi hermano, o mejor dicho, el que con el tiempo se ha convertido en mi hermano. Es mayor que yo, tiene unos trece años. Los abuelos lo adoptaron antes de refugiarse en los bosques. Es huérfano de padre, y mis abuelos accedieron a que su madre y él trabajaran en su pequeña granja. La madre de Michał insistió y mi abuela dijo que sí. Michał se ha convertido en un hijo para ellos.

Al principio no lo acepté, tenía celos. Mi abuela me dijo dulcemente, en un aparte: «No puedes echarlo, no puedes rechazarlo, Luda. Considéralo tu hermano mayor». Ahora, durante las incursiones en los bosques, me precede saltando. Es ágil, es veloz. Entre tanto, aprendo a quererlo y a aceptar su protección. Me enseña a correr por los senderos, a escapar de los animales feroces y de los alemanes; me instruye sobre cómo cruzar los torrentes y pescar en los meandros; me ayuda a hacerme un bastón para caminar más segura. De noche, cuando regresamos a la *zemlyanka*, me cubre con hojas para protegerme del frío. Se ha convertido fácilmente en una presencia amiga y fiel.

Mi abuela es una mujer generosa. Acoger a Michał en nuestra familia ha sido para ella un gesto espontáneo. Mi madre y mi padre lo han aceptado de buen grado, y para ellos también se ha convertido en un hijo con el paso del tiempo. Además, otros dos brazos para la resistencia siempre vienen bien. El futuro en las *zemlyanka* es incierto, mientras que el presente, a pesar de todo, es hermoso. No obstante las dificultades, los bosques de nuestra Bielorrusia nos abrazan calurosamente. Cuando paso cerca de algunos bosques, los aromas que desprenden todavía me transportan a aquella época: las hojas mojadas, el musgo a los pies de los árboles y la hierba que crece en los pequeños claros son aromas amigos. De aquellos tiempos también guardo imágenes sueltas: los correteos solitarios de los lirones, que al atardecer recorren los árboles en busca de comida; los primeros coleteos de los renacuajos en los estanques; los saltos de las liebres entre los árboles; alguna que otra culebra asustada escapando entre la hojarasca.

Estos bosques dejaron una huella indeleble en mi alma. La oscuridad de Birkenau nunca logró oscurecer del todo la luz que me iluminó en estos bosques. A pesar de aquella incertidumbre que se cernió sobre nosotros, gracias al tiempo que pasé en ellos siempre logré ver algo positivo. La naturaleza renace sin cesar y le dice al corazón del hombre que siempre se puede volver a empezar, que la vida siempre está lista para un nuevo inicio. Tal certeza nunca me ha abandonado, aunque no siempre haya sido fácil.

Recuerdo los ojos de mi madre, sus ojos de gato en las noches de la resistencia; los silencios de mi padre mientras fuma en la puerta de nuestra *zemlyanka* cuando el sol se pone. Luego, de un día para otro, él desaparece porque el ejército ruso lo recluta contra su voluntad. Acepta a la fuerza. No tiene escapatoria. No puede negarse. Había tratado de mantener las distancias con los rusos, pero no lo ha logrado. Sea como fuere, su lema era: nunca con los alemanes. Permanece fiel a sí mismo, a su manera.

Recuerdo cuando se despidió y se marchó, el último beso a mamá. No hay miedo en sus ojos. Confía en que todo irá bien. De los dos, mamá es la fuerte, la roca de casa. Cuando se alista, mi padre pierde un gran apoyo. Pero los dos están convencidos de que volverán a verse, y eso mantiene a mi padre entero. Nos deja sin dramas.

El enemigo está cerca, es de verdad, a veces está muy cerca. Pero en nuestros corazones estamos seguros de que no pasará y de que venceremos.

Es innegable que cada vez que hay una redada de los alemanes nos invade el miedo. Suben por las laderas, entre los árboles, corren por los claros con sus todoterrenos. Luego bajan a pie empuñando las correas de los perros, que rastrean nuestras huellas.

Nuestros centinelas, ocultos en las ramas más altas, observan sus movimientos. Cuando

47

advierten que se dirigen hacia nosotros bajan y nos indican por dónde huir. Nos vemos obligados a adentrarnos en territorios inexplorados.

Con nosotros hay ancianos y niños. Hay que huir con anticipación. Desplazarse demasiado tarde o lentamente puede hacer que te capturen. Además, los alemanes son imprevisibles; pueden capturarnos y deportarnos o ejecutarnos en el acto, no tienen escrúpulos, nuestras vidas carecen de valor para ellos: matarnos o dejarnos vivir puede depender de un cambio de humor. Están bien adoctrinados. Hitler, dicen los adultos, sostiene que el conocimiento echa a perder a los jóvenes. Quiere una juventud activa, decidida y dominante. Y si miras a los ojos a estos jóvenes alemanes, ves que son así: ignorantes y decididos. Creen realmente que pertenecen a una raza superior. Quienes no son de los suyos no son nadie.

ϒ

Ocurrió una mañana en que un aguacero cubrió los ruidos del bosque. Salimos de la *zemlyanka* y buscamos reparo bajo los árboles. Hace semanas que vivimos al día. No sabría decir cuántos trenes he visto pasar, cuántos vagones, cuántos cañones y armamento en los convoyes.

De repente, uno de nuestros centinelas aparece detrás de un matorral. Debe de haber corrido como un loco, porque no puede hablar. Toma aliento y dice: «Los alemanes. Llegan los alemanes». Se arma un gran alboroto. Los más jóvenes y fuertes empiezan a escapar en dirección contraria a la que ha llegado el centinela. Al poco, mi madre logra encontrar a los abuelos y a Michał, y también nosotros tratamos de huir. No hay tiempo para recoger nada. Nos vamos con lo puesto.

Seguimos el flujo de las personas que nos preceden. Mi madre me sube a hombros. Puedo correr sola, pero cree que así iremos más deprisa. La rama de un árbol me golpea en plena frente. Empiezo a sangrar. Ya he aprendido que, sobre todo en situaciones de emergencia, no hay que rechistar: permanecer callado puede salvarte la vida, así que no digo nada. Me llevo la mano a la herida mientras mi madre corre. En un momento dado, algo caliente me resbala por el cuello: es mi sangre. Mi madre se detiene un instante, cae en la cuenta de lo que ha pasado y me limpia con unas hojas que encuentra en el suelo; luego sigue corriendo conmigo sobre los hombros. Por suerte, la herida no es grave.

50 Al poco la lluvia amaina y oímos otro ruido que cada vez es más fuerte. Superamos un claro y nos topamos con un gran río que va crecido. No hay escapatoria ni a la derecha ni a la izquierda. No nos queda más remedio que vadearlo. Algunos ya se han adentrado y las aguas los acogen con ímpetu. Hay un punto donde la corriente es muy fuerte y hay que nadar con brío por unos metros. Estamos a punto de entrar cuando una voz a nuestras espaldas grita: «¡Alto!». Nos quedamos quietos. Nos han alcanzado. Es inútil oponer resistencia.

Nos damos la vuelta lentamente llevándonos las manos a la cabeza por instinto. Son unos veinte. Van armados, llevan perros con correa. Escupen al suelo. Disfrutan cuando ven cómo nuestros ojos se llenan de miedo. Se acercan y nos indican que nos sentemos en el suelo, en corro. Algunos nos dejan atrás y apuntan a los fugitivos que cruzan el río. Disparan. Les disparan por la espalda. Los cuerpos sin vida se deslizan sobre el agua, como troncos a merced de la corriente, chocan contra las rocas. Toda una vida se acaba en un instante. Los que escaparon primero han muerto los primeros. Nosotros todavía estamos vivos, pero no sabemos hasta cuándo.

Mi madre es la más entera. Sentada sobre el barro y la hierba nos echa ojeadas tranquilizadoras. Nos da a entender que permanezcamos callados, que no provoquemos a los alemanes, que los secundemos. Cuando nos dicen que nos levantemos y echemos a andar hacia un destino que no conocemos tenemos que adecuarnos, caminar hasta donde sea necesario. Es una mujer

51

decidida. Quiere vivir. No tiene miedo. Incluso logra sonreírnos.

Hasta entonces ninguno de nosotros ha oído hablar de Vítebsk, donde nos trasladan en tren. El viaje no es largo, pero hacinados no podemos respirar. El vagón de mercancías en el que nos han amontonado está oscuro, no hay entradas de aire. Me dan varios vahídos. También a mi madre, a Michał y a mis abuelos.

Cuando el tren se detiene nos hacen bajar en una realidad cuya apariencia es terrible: hombres y mujeres al límite de las fuerzas en una ciudad transformada en una prisión al aire libre. Estamos en el gueto de Vítebsk: centenares de judíos y de rebeldes como nosotros confinados a la espera de otros destinos, o quizá de la muerte.

La masacre del 11 de octubre de 1941 pesa sobre todos los presentes. Nos la cuentan los sobrevivientes. El río Vićba acogió aquel día los cuerpos sin vida de dieciséis mil judíos asesinados por los alemanes.

El gueto está infestado de epidemias. Hombres y mujeres mueren de hambre. No hay comida. No hay agua. No hay nada. Los que enferman son ajusticiados. Los que no enferman también corren el peligro de acabar como ellos. Los alemanes no tienen piedad. Para ellos somos culpables. Pero ¿de qué? De no ser alemanes.

A mi madre y a mis abuelos se los llevan varias veces para interrogarlos. No cuentan nada, pero vuelven desencajados. Es imposible escapar. El final parece inminente para todos. La mayoría son judíos. Nosotros somos ellos. Ellos son nosotros. No nací judía, pero vivo la misma separación del mundo, su aniquilamiento. El destino ha querido que yo sea judía sin serlo. No entiendo cómo hemos llegado a esto, pero mi familia y yo estamos en su misma situación.

Aunque parezca extraño, los recuerdos más nítidos pertenecen a los días siguientes a la captura y al traslado a aquella especie de prisión. Los alemanes deciden desplazarnos. Hay un tren listo para nosotros en la estación de Vítebsk. Nos empujan dentro de los vagones a la fuerza. No tenemos ni comida ni bebida. No hay baño, solo un agujero en el suelo. Como todos los demás, me veo obligada a hacer mis necesidades a la vista de los demás prisioneros. Delante de los alemanes no nos avergonzamos, de los compañeros sí.

El viaje es interminable. Pienso en el panorama que hay fuera y me pregunto: «¿Cómo es posible que nadie nos vea?, ¿nadie puede detener el tren y salvarnos?». Salvo el ruido de las ruedas sobre los raíles, no se oye nada. En las paradas, reina el silencio ahí fuera. Puede que sean zonas deshabitadas o quizás el miedo mantiene a la gente encerrada en sus casas. Es como si estos trenes no existieran. Sueño con una represalia, una emboscada, alguien que mate a los alemanes y nos libere. Pero no ocurre nada. Nadie nos ayuda. Somos un grupo de prisioneros que se dirige a la nada. Estamos solos en un mundo del todo indiferente a nuestro destino.

Más que el hambre y la sed, padezco por la falta de aire. Es un sufrimiento atroz. El olor dentro del vagón es nauseabundo. Alguien se desmaya; alguien muere. Entre tanto, el tren sigue avanzando lenta e inexorablemente. Pierdo la noción del tiempo. No sé cuántos días llevo aquí dentro. Ni siquiera sé quién soy.

En un momento dado me dejo llevar. Me apoyo en mi madre y me duermo de pie, sostenida por los demás cuerpos. Mi madre saca fuerzas de flaqueza y me acaricia, me hace sentir su presencia. Tiene una energía de la que los demás carecen, una fuerza que es solo suya. Creo que le llega de la rabia por la injusticia que sufrimos nosotros y nuestro pueblo. Reacciona luchando. La rabia es como la linfa de su cuerpo, una energía que la hace vibrar.

Me parece ver sus ojos, que mantiene abiertos en la oscuridad del tren; miran la nada, pero hablan. Dicen: «Veamos qué pasa. Yo estoy aquí, viva. Y seguiré viviendo. Veamos qué sois capaces de hacerme». No es fácil explicarlo, pero su fuerza me sostiene y me sostendrá en los próximos meses, saber que ella no tiene miedo. Aunque nunca expresa sus sentimientos, sé quién es por sus ojos. Siento que es indomable.

Mis abuelos están al límite de sus fuerzas. A un metro o poco más de distancia. Michał está con ellos. De vez en cuando me despierto y los oigo gemir. Reconozco sus suspiros entre otros muchos. Temo que mueran, que no salgan de esta. Trato de no pensar en eso. Para distraerme, me concentro en la casa de mi abuela, la casa donde vivía en Bielorrusia antes de huir a los bosques: tiene una gran chimenea siempre encendida, la leña arde y calienta la casa, las patatas que se asan en las brasas impregnan el aire de un aroma paradisiaco, fuera el viento acaricia la hierba de un gran prado. Parece como si nada pudiera quebrar esta paz. No lo entenderé hasta pasados unos años: no acoger a Michał habría supuesto una grave afrenta a un destino benévolo. Mis abuelos lo tenían todo, paz y prosperidad, y Michał tenía que formar parte de este bienestar. Para ellos era una manera de devolver algo, de dar las gracias al cielo por sus regalos. Y así fue.

La enésima parada. De repente, la puerta del vagón se abre de par en par y sentimos frío, mucho frío. Nos caemos unos encima de otros. Todo es blanco a nuestro alrededor. El viento sopla. La naturaleza es de hielo, como nuestros corazones. No sabemos dónde hemos ido a parar. Descubriremos más adelante que ese lugar se llama Birkenau, que es un campo de exterminio y está en Polonia. Los militares nos disponen en dos filas. Miro alrededor y no veo a mis abuelos. No hay luz. Creo que es por la tarde, o quizá por la noche. Sea como fuere, está oscuro. Los militares nos apuntan con focos potentes. Ellos pueden vernos, pero nosotros no podemos verlos del todo. Una columna de humo que parece poseer una leve fluorescencia rosa se eleva en la lejanía. O quizá me equivoco. Estamos de pie, tambaleándonos, sin fuerzas. No sabemos qué hacer, cómo comportarnos, qué preguntar, a qué santo encomendarnos. Mis abuelos ya no están con nosotros. Se los han llevado. No entiendo por qué. No me he despedido de ellos. Se han marchado. Enseguida caigo en la cuenta: jamás volveré a verlos. No sé si lo imaginé así o si los vi realmente, pero un recuerdo lejano me muestra a dos ancianos encorvados que se alejan desmoralizados. Van al encuentro con la muerte, cogidos de la mano hasta el final.

También nos separan de Michał. Es un chico sano. A los alemanes les sirve como mano de obra. Tampoco nos da tiempo a despedirnos de él; lo vemos alejarse con otras personas.

58 El campo es enorme. Hay decenas de barracones dispuestos a la derecha y a la izquierda de las vías del tren. Yo acabaré en las de la izquierda; Michał, a la derecha.

Todo sucede en cuestión de instantes. Un militar de pelo oscuro perfectamente peinado hacia atrás se me acerca. Va limpio, bien vestido. Me mira a los ojos un buen rato. Creo que le llama la atención que sean azules como los de los arios. Parezco alemana. Me sube los párpados, luego me los cierra. Sonríe. Me palpa los brazos y las piernas. Tengo tres años, pero aparento más. Soy una niña regordeta, entrada en carnes. Soy fuerte. Soy perfecta para él.

Ordena que me separen de mi madre.

Me elige.

Soy suya.

No sé quién es. Pronto lo descubriré. Me conducen a un barracón lleno de niños como yo, hacinados los unos sobre los otros, amontonados sobre duras tablas de madera de las que asoman pies y manos, a veces ojos furtivos y atemorizados. Los niños están sucios, roñosos. El olor es nauseabundo. Los miro a los ojos. Son inexpresivos y apáticos, los ojos de quien no conoce la luz o cree que esta nunca volverá a formar parte de su vida. Una vez dentro, me explican que he sido elegida por el doctor Josef Mengele en persona. Recuerdo ese nombre: Mengele. Todo el mundo habla de él. Mengele es una presencia amenazadora. A partir de ese día se convierte en parte de mi vida. ¿Tengo suerte? En parte sí. Le sirvo para sus experimentos. Y le sirvo viva.

3

*M*i madre va vestida con una especie de cha-
queta de rayas azules y grises. La falda también
es azul y gris. Lleva zuecos. Tiene la cabeza completamente rapada. Me coge en brazos y me dice
que no tenga miedo. Han pasado pocas horas
desde que llegamos a Birkenau. Todavía no nos
han separado definitivamente. Sentada en su regazo no tengo miedo, no temo, no lloro. Desde
que nos fuimos a vivir a los bosques de Bielorrusia he aprendido a contener las emociones. Si
te muestras débil, inerme o afligido, el enemigo
se aprovecha y desfoga sus peores instintos con-

tra ti; si en cambio permaneces impasible, puede que logres confundirlo, quizá dé un paso atrás, por instinto. Las personas malas suelen ser también inseguras. La rabia les hace echar espuma por la boca y gritar para ocultar su propia inseguridad, en primer lugar a sí mismos. Me daré cuenta muy pronto: los deportados que logran controlar el miedo tienen muchas más posibilidades de sobrevivir que los que muestran su debilidad. Ser fuerte en el campo no es fácil, por no decir casi imposible. Yo lo soy. Pero creo que más que nada es inconsciencia. No entiendo lo que está pasando, no del todo. Así que pese a la oscuridad que me envuelve, sobrevivo porque no me absorbe completamente.

Los enemigos están por todas partes. Aprendo a reconocerlos desde el primer momento. La mayor parte son chicos altos y rubios, carne blanca falta de corazón. Algunos llevan un bigotito como el de Hitler para emular a su jefe. Deben de haberles extirpado el corazón el día en que nacieron. Se sienten fuertes bajo la protección de su uniforme. Son presas del credo nazi. No hay posibilidad alguna de hacer mella en su mundo. La única respuesta que puede dárseles es el silencio, soportar sin decir nada, tratando de no morir.

Aquel día, en cuanto llegamos al campo, se acerca uno de ellos. Lleva en la mano una placa llena de agujas que forman un número. El mío es 70072; el de mi madre, 70071. Me hace un gesto para que me tumbe en un catre de hierro; luego otro, para que le muestre el brazo izquierdo. Se lo ofrezco con coraje. No lo miro, fijo la mirada en el vacío. No permiten que mi madre se acerque; la mantienen apartada, a unos metros de distancia. Parece impotente. Tiene que asistir a aquello que va a ocurrir sin poder hacer nada por impedirlo. Otros deportados apuntan nuestros números en un papel. Sí, otros deportados. Son los colaboradores de los alemanes, los ayudan, especialmente a realizar el trabajo sucio. Descubriré más adelante que algunos lo hacen porque los obligan, pero otros actúan así para su propio beneficio. El campo se rige por la ley de la supervivencia. No hay otra ley, no hay solidaridad entre los deportados. La oscuridad que nos rodea es demasiado profunda, el abismo en el que tristemente nos precipitamos todos juntos es demasiado hondo para que nos demos la mano.

Ya no tenemos nombre, somos solo números. Sin embargo, lo que los alemanes no saben es que esos registros los condenarán. Esos números apuntados en hojas blancas al lado de nuestros nombres serán la prueba fehaciente de que estuvimos allí, de que nos tatuaron, de que el horror existió. Fueron ellos mismos los que dejaron un rastro imborrable, tinta negra sobre papel blanco. Involuntariamente, ellos y sus registros de muerte son los primeros testigos.

A veces, las SS se ponen violentas. Descargan sus frustraciones incluso sobre nosotros, los más pequeños. Más a menudo, sus víctimas son los mayores. Mi madre sufre pronto las consecuencias. Un día la descubren con las cebollas que suele llevarme: uno de ellos le levanta la barbilla con la mano izquierda y con la derecha le da un puñetazo en la boca, el primero de muchos. No tiene piedad. Mi madre pierde los dientes de delante y empieza a sangrar abundantemente.

Cuando le pregunto qué le ha pasado, me lo cuenta sin temer que me cause impresión; me lo cuenta para que comprenda que tengo que espabilarme, estar alerta. A ella, la distracción le ha costado los dientes. Incluso así, sigue siendo guapa. A pesar de todo, continúa siendo una mujer joven y guapísima.

La presión del militar sobre el brazo es rápida y determinada. Cuando las agujas traspasan la carne, siento dolor, pero logro contenerme. No hago muecas, no gimo ni lloro. No quiero regalarles nada ni darles satisfacción alguna. Cuando me hace un gesto para que me levante, me miro el brazo y solo veo una borrosa mancha negra. Descubriré que necesita tiempo para absorberse y que los números 70072 se lean con claridad. Será el único tatuaje de mi vida. Con el tiempo, comprobaré que los números se hacen cada vez más grandes y legibles según pasan los años. Para mí será una señal de que habrá llegado el momento de dejar testimonio. «No sigas ocultando los números, ve y cuenta al mundo entero lo que pasó».

Mi madre me acaricia, como diciendo: «Te has portado bien». En aquel momento no me imagino qué significará para mí ese número, sobre todo no me imagino que me acompañará durante años, que cuando sea vieja seguirá conmigo, sobre mi piel, imborrable. A los alemanes les obsesiona marcar. Marcaron a los judíos en el gueto de Vítebsk: marcaron sus casas y su ropa antes de marcarlos en los campos.

Mi madre trata de ser cariñosa conmigo. Me acaricia la cabeza y la frente. Me mira con amor. Pasa los dedos por la cicatriz que me dejó la herida que me hice en el bosque, en Bielorrusia, cuando huíamos de los alemanes. Pronuncia mi nombre y me pide que lo repita. Le aterroriza que lo olvide. Me dice que es una suerte que tenga esa cicatriz. Es una señal de reconocimiento. Si nos separan, esa cicatriz me identificará cuando me busque. Nadie podrá equivocarse, ni siquiera ella, si es que eso fuera posible.

En mi barracón, todos los niños son como yo. Todos tienen un número tatuado en el brazo. Nadie conoce el nombre de los demás. Hablamos poquísimo entre nosotros, no nos comunicamos. Estamos más o menos en el centro del campo, rodeados de barracones, pero nos sentimos solos. El terror habita en los corazones de todos. En la piel, en cambio, vive la roña. No nos podemos lavar. No hay agua corriente. Las paredes y los tablones de madera que nos hacen de cama están infestados de insectos, de parásitos. Entran en nuestra ropa y moran en nuestra piel, incluso en las partes íntimas. Cuanto más trato de quitármelos de encima, más vuelven. Hay ratas y suciedad por doquier.

Por si fuera poco, está la *kapo*. Es una mujer mala, sin corazón. No es alemana, sino una deportada como nosotros. Vive en una habitación que queda en la entrada del barracón, donde guarda con celo un bastón y una fusta detrás de la puerta. Los usa por turnos para desfogarse con nosotros. Lo hace vehemente, sin respeto alguno, con los que se equivocan o no obedecen. Pero el miedo vive dentro de ella. En vez de dominarlo, permite que se apodere de ella y se convierta en rabia, que luego desfoga en nosotros. Si no obedecemos sus órdenes, son palos y golpes. Para el Evangelio, llanto y rechinar de dientes son el destino de quienes serán expulsados del Reino de los Cielos, de quienes no serán admitidos a la presencia de Abraham, Isaac, Jacob y todos los profetas, de quienes no gozarán del Paraíso. En Birkenau es al revés: un dios que se ha vuelto mudo e incomprensible parece haber reservado este destino para los justos, los inocentes, los perseguidos, los pobres y los puros de corazón.

En Birkenau no se habla de Dios. No podemos invocarlo, no nos encomendamos a él. Lo indecible está ocurriendo, y lo indecible no tiene palabras, ni siquiera para clamar al Cielo. En el futuro me identificaré mucho con las palabras del filósofo de origen judío Hans Jonas: «Dios no intervino, no porque no quisiera, sino porque no estuvo en condiciones de hacerlo». ¿Quién lo detuvo? En mi opinión, fue la maldad de los hombres. Contra ella ni siquiera Dios pudo hacer otra cosa que dar un paso atrás.

No tenemos comida. Solo pan negro y agua. El pan negro nos lo dan por la mañana. El agua nos la dan como sopa a la hora de comer. A veces nos traen una especie de café hecho con hierbajos. Es imbebible, pero nos lo tragamos igualmente. Causa unos retortijones terribles. En estas condiciones uno se acostumbra a cualquier cosa, y sobre todo se aprende que cualquier cosa puede ayudar a no desmejorar. Los baños son letrinas en las que hacemos nuestras necesidades delante de todos, pero no hay vergüenza, solo humillación.

Participar, aterido y hambriento, en el recuento es una experiencia muy dura. Todos tenemos miedo de que el doctor Mengele nos elija. A menudo viene a buscarnos en persona. Entra directamente en el barracón. Recuerdo claramente sus brillantes botas negras de caña alta, el sonido de sus pasos sobre el piso del barracón. Cuando entra, me tumbo debajo de la tabla de madera más cercana al suelo y me acurruco contra la pared lo más al fondo que puedo. Como soy pequeña, logro llegar a los rincones más oscuros, más escondidos, a los que no llegan los demás, aunque todos lo intentan. Los que no se esconden a tiempo o no logran entrar debajo de la tabla corren el peligro de que los atrapen; los atrapados acaban en el laboratorio, en el lado opuesto del campo.

A veces, Mengele viene a buscarnos por la mañana temprano, cuando todavía está oscuro. Entonces cierro los ojos. «Si no lo veo, no me ve», me digo. Muchos otros niños hacen lo mismo: cubrirse la cara con las manos. Al enfrentarse solos a un horror que nunca deberían haber experimentado, tratar de desaparecer es la única manera que tienen para soportar la pesadilla en que vivimos. Somos niños que de noche no sufren pesadillas porque las pesadillas caminan siempre a nuestro lado, en cada momento del día: nuestra vida cotidiana es la peor de todas las imaginables. Sin nuestros padres, hacinados en barracones sucios, vigilados por *kapos* malísimas y siempre acechados por el espectro de los experimentos, de la muerte. Los elegidos no siempre regresan. Los elegidos pueden morir, acabar en la nada. Cuando alguno de nosotros no regresa al cabo de unos días, miramos hacia los hornos crematorios. Todos pensamos lo mismo: los compañeros que ya no están se han convertido en humo, en ceniza, en polvo que flota en el aire.

A veces pasan revista fuera del barracón. La *kapo* nos obliga a salir rápidamente. Nos ponemos en fila. Nos examina uno por uno. Lee el número que llevamos tatuado en el brazo y anota con el bolígrafo que estamos presentes. Al final siempre falta alguien. Entra de nuevo en el barracón acompañada de un SS y al cabo de pocos instantes salen con el niño o los niños en brazos. Están muertos. Quien no responde cuando pasan lista no es porque se esconda o porque no quiera salir; no, quien no responde es porque ya está muerto. No recuerdo ninguna vez que pasaran lista y estuviéramos todos presentes. Siempre hay alguien que no ha podido más. Quizás aquella misma noche ha dormido a tu lado, ha buscado un lugar en las tablas de madera y te ha pedido que le hicieras sitio. Y a la mañana siguiente ya no está. Una enfermedad o la desnutrición se lo han llevado.

La *kapo* me llama *Jüdin*, aunque no lo soy; no entiendo por qué me llama así. Mi madre viene a verme de vez en cuando y me recuerda quién soy, para que el recuerdo de mi pasado permanezca vivo en caso de que logre sobrevivir. Quiere que sea consciente de mi pasado, de mi historia. Sabe que ella podría morir, que entre ella y yo, yo soy la que tiene más posibilidades de seguir viviendo. También sabe que a través de mí quizá sobreviva algo de ella, algo de su pasado, algo de lo que fue, lo que deja en esta vida. Por eso insiste en que repita mi nombre, el lugar del que procedo, la ciudad donde nací. Mis raíces son las suyas, mis raíces son lo que quedará si ella sucumbe. Por eso me acaricia la cicatriz sin cesar. Por eso me invita a repetir: «Soy Luda, hija de partisanos bielorrusos, deportada a Birkenau. Soy Luda, la niña con la cicatriz en la frente».

Cuando me llaman *Jüdin*, no reacciono. Si hablara, si les dijera que no soy judía, alimentaría inútilmente su rabia. No, que digan lo que quieran. Soy Luda y soy judía de adopción. El destino ha querido que me convirtiera en una de sus hijas, de sus hermanas, en alguien de su familia. No se es judío solo por nacimiento, sino también por compartir el mismo destino que ellos en esta tierra.

Los días transcurren monótonos. No podemos salir del barracón. Nos obligan a quedarnos encerrados dentro. Pasamos horas sentados en las tablas balanceando las piernas. Hacemos oscilar la cabeza de atrás para delante sin hablar.

Me enteraré más tarde de que en los orfanatos muchos niños adoptan este comportamiento. Oscilar es quizá la señal de una herida a la que no se sabe cómo hacer frente. Oscilamos sin cesar. Nuestra vida es una gran herida. Cuando la *kapo* nos llama para el recuento, nos ponemos de pie de un salto, pero luego volvemos a oscilar. No podemos correr por los prados que rodean el campo, no podemos perseguir mariposas ni revolcarnos en la hierba. Somos prisioneros de las SS y también de nuestros miedos y obsesiones. Oscilamos todos juntos como un gran barco a la deriva en un océano enemigo.

Al cabo de poco tiempo, mi cuerpo se llena de pústulas. Cuando Mengele me llevó al laboratorio, me sometieron a transfusiones de sangre. Algunos niños muestran unas señales de violencia tan crueles que estoy segura de que no les queda mucho tiempo de vida. Cuando me llevan de regreso al barracón, casi siempre me desmayo. Necesito días para recuperarme por completo. Si aparentar más edad probablemente me salvó, cuando llegué a Birkenau, ahora podría ser un arma de doble filo. En efecto, si parezco más sana y fuerte que los demás, Mengele podría sentirse libre de elegirme más veces, de someterme a sus experimentos todas las veces que quiera, y eso juega en mi contra. No tiene escrúpulos, no se encariña con nadie, no siente piedad, persigue sus objetivos con lucidez.

Mi madre querría que yo me volviera invisible, pero sabe muy bien que eso no es posible. Me habla en nuestro idioma, pero trata de que aprenda un poco de alemán. Si conozco el idioma de los enemigos, tengo más armas para defenderme, me dice, más posibilidades de sopesar qué hacer en cada situación. A veces intuye que estoy a punto de hundirme. En su presencia, me dejo llevar y me dan ganas de llorar. Mi madre me acaricia y me dice que lo deje, pues la *kapo* me pegará con el bastón. La creo y paro de gimotear.

Es increíble la fuerza que pueden tener los niños en situaciones difíciles. Nadie diría que los que viven conmigo en el barracón de Mengele encuentran en su interior la energía necesaria para sobrevivir. Sin embargo, la mayor parte lo logra, sobrevive. De hecho, estamos obligados a conducir nuestra existencia como si fuéramos adultos con cuerpos de niño. Nos han robado la infancia. Pero, con tal de no morir, en poco tiempo hacemos nuestra cualquier estratagema. Somos animales, y como animales tenemos un innato instinto de supervivencia. Y aunque es cierto que no nos ayudamos unos a otros, también lo es, al menos por lo que yo veo, que nadie abusa de los demás. Cada uno va a lo suyo. Esta es la simple regla del campo. La absurdidad de los acontecimientos nos obliga a convertirnos en mónadas, pequeños seres aislados de todo y todos en el interior de un mundo de pesadilla. Cuando Mengele entra y tratamos de escondernos, prevalece la ley del más rápido. El más rápido encuentra primero el mejor escondrijo. Los demás se quedan atrás. Todos quieren llegar los primeros. No es maldad ni indiferencia, es la dureza del campo lo que nos hace así. *Mors tua vita mea*: un dicho medieval que sigue siendo válido en pleno siglo xx.

Los laboratorios del Ángel de la Muerte, como lo llamarán más tarde, están al lado de los hornos crematorios. Mengele y los suyos, otros médicos de cuyos nombres no me acuerdo, operan con una sonrisa en los labios mientras que a pocos pasos de allí la carne de hombres y mujeres inocentes arde a temperaturas elevadísimas. Los niños que no sobreviven también acaban en los hornos. No se lo piensan dos veces. Todos los niños que entran en el laboratorio están fichados. Mi tristemente famoso número también consta en el registro del Instituto de Higiene de las SS. Y como el mío el de muchos otros niños.

Además de las transfusiones, me inoculan varias clases de venenos. Mengele quiere ver cómo reacciona mi cuerpo. Me rodean los cadáveres de los niños que han fallecido. Vivo en una pesadilla que día tras día se convierte en normalidad. No tengo la suficiente experiencia en la vida para darme cuenta de que eso no es normal en absoluto. Pasé muy poco tiempo en Bielorrusia para que los días en Birkenau no se conviertan enseguida en mi normalidad. Los bosques de Bielorrusia fueron, por supuesto, luminosos, pero la oscuridad de Birkenau es tan profunda que eclipsa temporalmente su luz.

Pronto también me parece normal que me escuezan los ojos todos los días. Cuando voy al laboratorio de Mengele, me duermen, así que cuando salgo no me acuerdo exactamente de lo que ha pasado. Al despertarme es mi cuerpo el que habla y me lo cuenta. Además de las pústulas que me causan las transfusiones y el veneno que me inyectan, está el escozor en los ojos, que me revela qué me han hecho. Mengele está obsesionado con los ojos. Son su campo de trabajo preferido. Me inyecta líquidos para estudiar las reacciones que provocan. Los ojos me escuecen durante días. A menudo, también tengo fiebre.

No recuerdo la primera vez que vi a Mengele. Para ser sinceros, su rostro está borroso en mi memoria. No logro enfocarlo, recordarlo con claridad. Si ahora miro una foto suya, pasa lo mismo en cuanto aparto la vista: su imagen se disuelve en la nada. Es como si mi cerebro se negara a recordarlo. Puede que sea algo inconsciente, pero a la vez real, un mecanismo de defensa. Hay una sola cosa que recuerdo claramente de él aparte de las botas brillantes: en algún rincón de mi mente, todavía perdura la frialdad de su mirada. No su rostro, sino la frialdad de su mirada. No logro enfocar sus rasgos. Si tuviera que representarlo de alguna manera, no sería capaz. Sin embargo, la sensación de su mirada sigue viva en mi interior. Es como si aún me mirara de vez en cuando. Cuando eso ocurre, el pánico se apodera de mí. Es una sensación que no le deseo a nadie. Me mira y me dice: «Eres mía. Puedo hacer contigo lo que quiera».

Mengele no siente nada por nosotros. No siente nada por mí. Mis compañeros del campo y yo no somos más que material para sus experimentos. Lo único que podemos hacer en su presencia es contener la respiración y esperar a que todo pase, que el experimento acabe para volver al barracón; hasta el horrible barracón se convierte en un lugar deseable con tal de alejarse de él. El cuerpo sabe que sufrirá atrozmente, sabe que solo desea huir.

En el barracón no hay palabras. Reina siempre un extraño silencio, no hay llantos ni mohínes. No hay nada. Somos niños sin voz; niños a los que a veces obligan a hacer el trabajo sucio, como el de llevar hasta el horno crematorio los cuerpos de las personas que mueren en el campo. A mí, por suerte, no me toca nunca. Soy demasiado pequeña para empujar la carretilla con uno o varios cadáveres. Pero a los mayores los obligan; si no obedecen, les pegan. A las órdenes siempre hay que responder que sí. Niños convertidos en sepultureros, que a menudo enferman porque los cadáveres suelen contagiarles enfermedades y parásitos. El gran fuego lo quema todo, pero hasta llegar a los hornos puede pasar cualquier cosa. A veces, fuera del barracón hay decenas de cuerpos amontonados. En ocasiones, la muerte está tan cerca que es como si fuera nuestra compañera de juegos.

Recuerdo un día al atardecer. La música llega a mis oídos. Creo escuchar, en la lejanía, *Wir leben trotzdem* (Todavía estamos vivos). Una niña mayor que yo me cuenta que un grupo de mujeres, de las nuestras, tocan violines, mandolinas, guitarras y flautas para los que regresan de los trabajos forzados, que caminan al son de la música. Dice que también las ha visto tocar cuando llegan los convoyes de los nuevos deportados. Dice que al oír la música hay gente que asoma una mano de los convoyes para saludar. Puede que crean que si hay música, Birkenau no puede ser un mal sitio. Me cuenta que es una táctica: conducen a los recién llegados a las cámaras de gas al son de la música para que no reaccionen ni defiendan sus vidas.

En el campo también hay un hospital, aunque a decir verdad más que un hospital es la antecámara de un horno crematorio, y muchos enfermos mueren allí sin recibir asistencia alguna; las SS someten a algunos a experimentos casi siempre letales. Si sobreviven, los gasean.

En el hospital hay un ala para los niños. Al otro lado de las cortinas, una pediatra rusa muy famosa en su país, deportada como nosotros, dirige la asistencia a los niños. Es una mujer enérgica, respetada por las SS. Es ella la que en un momento dado de mi estancia en el campo me salva la vida. Sucedió cuando un día me desperté con fiebre alta. Me encuentro muy mal. La *kapo* me manda al hospital. La doctora descubre que soy bielorrusa. Pide información sobre mí. Quiere saber quién soy, de dónde procedo exactamente, pregunta si tengo familia en el campo. Descubre que mi madre realiza trabajos forzados y obtiene de las SS que la destinen a tareas de limpieza en el hospital para que esté cerca de mí. Durante algunos días vivimos en contacto estrecho. La doctora me protege. Dice que me curaré en breve.

Una mañana llega una noticia terrible: las SS han tomado la decisión de desalojar comple-

81

tamente el hospital y todos los pacientes serán inmediatamente eliminados. Es una decisión inobjetable. Ni siquiera la autoridad de la doctora puede influir en ella. Mi madre reacciona instintivamente, sin pensarlo dos veces: con la complicidad de la doctora, me envuelve en una manta, y un encargado de la limpieza me saca de allí haciendo ver que va a tirar la basura. Ese amigo, cuyo nombre desconozco, se presta a hacerlo. Sale del hospital con el fardo a cuestas. Las SS lo observan, pero no lo detienen. El hombre logra trasladarme al barracón de los niños y me salva. Ya estoy prácticamente recuperada de la enfermedad. La *kapo* me recibe como si nada. Estoy a salvo. Es un milagro. Estoy viva.

4

Soy consciente de que hay quien cree que era demasiado pequeña para acordarme, pero no es así. He reunido los pocos recuerdos que subsistían en mi mente, los he colocado en fila y los he relacionado con las personas que estaban conmigo en el campo y recordaban episodios que yo había vivido. Por último, he cerrado el círculo inspeccionando los documentos archivados en los que aparece mi número de matrícula. Todo encaja.

La nieve y el viento azotan el campo. Desde hace días se oyen cañonazos en la lejanía, un retumbar distante y continuo. Se libra una batalla, pensamos. Lo deducimos también del nerviosismo que se apodera de los alemanes en estos días de finales de enero de 1945. En Birkenau reina la más completa desolación, y no es solo a causa de los muertos, el hambre y la miseria. El rigor del invierno lo hace todo más difícil e invivible. La naturaleza está muerta. Las heladas nocturnas convierten las salidas del barracón en una hazaña casi colosal. Los cuerpos de los muertos arrojados en las fosas se convierten en témpanos de hielo de rostros plasmados en graníticas muecas de dolor. El final acecha. Es el fin de todo. El fin del mundo.

Me asalta una imagen que no sé si es de ese invierno o del anterior: una fosa rebosante de cadáveres con los rostros deformados por el dolor. Pasamos en fila por su lado; a pesar de que todos somos niños, ninguno se asusta. Para nosotros es una imagen normal. Los muertos forman parte de nuestra cotidianidad.

El agotamiento que sufrimos es inenarrable. Primero se ceba con el cuerpo, que se debilita cada día más: los músculos se desvanecen; afloran los huesos, puntiagudos bajo una capa de piel cuyo espesor disminuye de un día para otro; los ojos se vuelven enormes, sobresalen del cráneo, que muestra sin piedad todos sus ángulos; los pómulos explotan hacia fuera. La ruina del cuerpo afecta inmediatamente al alma, que cede día tras día y a la que le cuesta mantenerse con vida. Se deja llevar hasta tal punto que hay momentos en los que la muerte puede parecer una bendición. Nunca lo es, pero a veces parece la única salvación; en el fondo es el mal menor: dejarse morir para que la nada venga a buscarnos y nos arranque de este dolor insoportable.

Eso es lo que dice la mirada de quienes siguen vivos en Birkenau. No podemos más. No podemos oponer resistencia alguna a lo que nos rodea.

Hay mucho nerviosismo entre los alemanes. Parece como si estuviera a punto de ocurrir algo importante, pero no sabemos con exactitud de qué se trata. La *kapo* escruta los movimientos de los militares. Ella también está nerviosa. Entra y sale sin cesar de su habitación. Se dirige a nosotros con más hastío que de costumbre. No soporta nada. La espera es agotadora porque nadie sabe a quién esperamos o qué ocurrirá. Corren rumores. Cuentan que el Ejército Rojo está a punto de liberarnos, que se libra una batalla en la frontera polaca. Escuchamos, pero ya no nos hacemos ilusiones. Nos hemos vuelto indiferentes a cualquier suceso futuro. Que vengan a liberarnos si quieren, pero que la liberación sea leve como un soplo de viento porque no somos capaces de soportar nada más.

Los días se hacen aún más monótonos. La oscuridad es la normalidad de nuestras jornadas. No recuerdo llantos ni risas. Creo que la ausencia de este recuerdo es común a todos los que vivimos aquella experiencia. Las madres ya no van a ver a sus hijos, la mía tampoco. Hace días que no la veo. No hay palabras, no hay explicaciones. Simplemente ya no viene a verme. Es lo que hay.

El doctor Mengele también ha dejado de llevarse a los niños, se ha desvanecido en la nada. Ya no tenemos noticias de él, de sus experimentos, de su enfermería, que apesta a muerte y a sangre. Tampoco envía a sus ayudantes. Eligió a la última pareja de gemelos hace unas semanas y no volvieron; en el campo corre el rumor de que murieron y destripó sus cadáveres. Tras extenuantes experimentos con pinzas quirúrgicas e inyecciones, Mengele diseccionó los cuerpos para extraerles los órganos, que se enviaron al Instituto de Investigación Biológico Racial de Berlín donde los analizaron para encontrar la diferencia sustancial entre la sangre de los arios y la de los judíos. Una diferencia de raza, dicen; una diferencia que nosotros, que estamos del lado de los reclusos judíos, no logramos comprender. Vagamos por las tablas de los barracones. Estamos cansados, agotados de meses en el campo, de muerte y dolor. Hemos entrado en una especie de estado de embotamiento y apatía. Si vinieran a buscarnos para torturarnos, casi todos nos dejaríamos capturar sin oponer resistencia.

El cansancio es tan grande que abre camino a una desesperación tan inimaginable que roza la resignación. De los otros barracones vemos salir a algunos adultos que deciden acabar con todo: se dirigen hacia la alambrada, se agarran a los hilos de la corriente eléctrica y mueren; otros no responden a las órdenes de los alemanes para que les peguen un tiro. Solo desean morir.

88

Algunos alemanes se vuelven aún peores y gritan órdenes en su idioma. No todos los deportados las comprenden inmediatamente. Parece como si los soldados lo hicieran aposta para burlarse de sus expresiones interrogativas y castigar a los que no las ejecutan. Pero ¿qué órdenes son esas?, ¿qué quieren exactamente? Solo podemos intuirlo, imaginarlo; hagamos lo que hagamos, nos equivocaremos. Nos consideramos afortunados si nos pegan pero no nos matan.

El gong del despertador suena a las cuatro de la mañana, como siempre, a pesar de que fuera está oscuro y hace mucho frío. Tenemos que abandonar inmediatamente las tablas sobre las que dormimos entre gritos y a golpetazo limpio. Nos empujan a los baños comunes. Las necesidades personales tienen que liquidarse con rapidez. El desayuno, si así puede llamarse, es solo para los primeros que logran llegar a la cocina: sopa de nabos, una aguachirle en la que flotan algunos trozos. Luego empiezan las horas vacías, hasta el último recuento de la tarde.

Otra noche en nuestro barracón. La *kapo* nos conmina a que durmamos; quiere silencio, no admite ruidos. Cuando se marcha, el barracón se sume en una oscuridad total. En la lejanía todavía se oyen cañonazos. Es una música que se convierte en nuestra canción de cuna. Bum, bum, se oye en el frío de la noche. Quién sabe qué ocurre ahí afuera; quién sabe qué bando está ganando; quién sabe si el fragor de los cañones nos traerá la muerte o la vida.

A nadie se le ocurre salir. Las SS todavía hacen rondas. Salir significa ir al encuentro de una

89

muerte segura. Durante estos meses hemos presenciado muchas ejecuciones sumarias, hemos visto morir a mucha gente por los más fútiles motivos, muchos deportados han muerto por tratar de fugarse. Que se sepa, nadie ha tenido éxito en su intento, todas las muertes han carecido de sentido. Es terrible. Tenemos la muerte delante cada día: algunos niños recuerdan la de su madre, asesinada delante de sus ojos; otros recuerdan la llegada a Birkenau de las mujeres embarazadas, que fusilaron en el acto en nuestra presencia. La misma suerte corrieron los recién nacidos que llegaron en los trenes; muchos fueron arrancados de los brazos de sus madres y ajusticiados en cuanto bajaron de los vagones, otros vivieron un poco más y los quemaron en las estufas. Matan sin pensar. Matan sin remordimiento. Matan porque les han enseñado que es lo correcto. Es el mundo al revés. El mal como normalidad. El bien no tiene cabida en su mundo. Recuerdo las ejecuciones más terribles como parte de la cotidianidad.

Se oyen susurros en las tablas del barracón. Alguien se arriesga a hablar en voz baja, alguien se queja. Los muertos de estos meses han sido sustituidos por la llegada de otras personas vivas. El ciclo de la vida y la muerte es rapidísimo en Birkenau, es un carrusel despiadado del que nadie se salva.

En un momento dado, los cristales y las paredes del barracón tiemblan. Una, dos explosiones que parecen más cercanas y luego vuelven a hacerse lejanas, un fragor que va y viene y nos agita a todos. Son la música de fondo de estas últimas semanas, la partitura que acompaña el fin de Birkenau.

Una SS entra de repente en el barracón. Golpea los pies contra el suelo para que oigamos el ruido de sus tacones; lleva una fusta para pegarnos. La *kapo* está en posición de firmes. Luego la orden: «¡Fuera, todos fuera inmediatamente!».

«¿Por qué? ¿Qué ocurre? ¿Qué van a hacernos? —preguntan mis compañeras—. Estába-

91

mos a punto de dormir». Nos obligan a levantarnos sin concedernos la posibilidad de preguntar.

«¡Evacuación!», grita la *kapo*. Y repite: «Salid, deprisa, ¡todos en fila!».

Algunos niños enfermos no pueden levantarse. Se quedan dentro. Otros no saben qué hacer. No saben si salir o quedarse. No saben si fingir que están enfermos. Muchos deciden que lo mejor es levantarse, sabemos cómo acaban los enfermos. A menudo, no obedecer las órdenes equivale a morir. «Quizá vuelva a ver a mi madre —recuerdo que pensé—. Quizá la vea».

Nieva intensamente. Grandes copos nos entran en los ojos y caen sobre nuestras cabezas rapadas, cubren nuestros harapos, nos hielan la sangre y el corazón en cuestión de instantes.

Nos cuentan uno a uno; luego entran en el barracón y cuentan a los enfermos. Permanecemos de pie por un tiempo que parece infinito. Pasan revista a nuestros tatuajes. Algunos niños están a punto de desmayarse; los sostiene el que está al lado. De golpe, inexplicablemente, nos hacen una señal para que volvamos dentro. Entramos y, agotados, nos subimos a las tablas. Nos ordenan que durmamos. ¿Por qué han hecho el recuento? Nunca lo sabremos. El amanecer llega pronto. Otro nuevo día sin sentido está a punto de empezar.

De repente, empiezan a desmantelar el campo. Los alemanes comienzan a destruir las cámaras de gas que quedan en pie, la II y la III…, o al menos tratan de hacerlo. Ajustician a las personas más frágiles. Amontonan los cuerpos sin orden alguno, incluso delante de nuestro barracón: montañas de cadáveres, montañas de hermanos y hermanas que no se han salvado; a su lado, vestidos, zapatos y chaquetas de rayas abandonados sobre la nieve. Están reagrupando a algunos prisioneros en la salida del campo, al menos esa es la noticia que nos llega.

Algo ha cambiado definitivamente, está sucediendo algo nuevo. Las niñas mayores traen información de última hora. Dicen que llegan los rusos, que vienen a liberarnos, y que los alemanes tienen la intención de llevarse a quienes

93

aún pueden soportar el camino y el frío; dicen que están a punto de marcharse a Alemania para ponerse a salvo. En definitiva, se dan a la fuga.

No veo a mi madre.

No sé dónde está.

Escruto por las ranuras de las paredes del barracón, buscándola, pero no la veo. Creo que van a llevársela. Es quizás el momento más angustioso de mi vida en Birkenau.

¿Se va?

¿Me dejará aquí?

«¿Dónde estás, mamá?»

«No puedo sobrevivir sin ti; no puedo vivir sin ti.»

Dos fuertes explosiones nos sacuden. Salimos al aire libre por un instante: dos grandes nubes de humo salen de los hornos crematorios; los alemanes los han hecho saltar por los aires. También incendian el Canadá, los barracones de almacenamiento. Pronto descubriremos qué ocurre: la presencia alemana en Birkenau está a punto de terminar.

Se marchan durante la noche y el campo se sume en un tétrico y extraño silencio, se queda completamente vacío de un día para otro. Los alemanes no están, nuestra *kapo* ha desaparecido, se ha desvanecido en la nada, pero seguimos titubeando y nos quedamos en el barracón. La nieve se ha convertido en hielo. Fuera hay una extensión blanca en la que nadie quiere adentrarse.

¿Adónde vamos a ir?

95

Oímos voces. Los rusos han llegado al campo y han abierto las verjas con la ayuda de los caballos. Los primeros que entran son cuatro soldados, solo cuatro. No hay manifestaciones de alegría, nadie celebra su llegada a bombo y platillo. Solo hay muerte y destrucción, incluso en los corazones de los supervivientes que los alemanes no se han llevado.

Ninguno de nosotros, los niños, sale de la barraca. No tenemos nada que hacer ahí fuera. No comprendemos que la liberación ha empezado, que ya no somos esclavos. No tenemos fuerzas para comprender.

Transcurre otra noche. Por la mañana oímos más voces. Hablan en polaco. Algunos habitantes de la cercana Oświęcim (Auschwitz para los alemanes) han acudido al campo. Llegan con curiosidad, pero también con un espíritu solidario: nos traen comida, quieren apoyarnos, ayudarnos. Algunos me ofrecen su escudilla, que los rusos llenan de algo comestible. Tratamos de comer, pero muchos ni siquiera pueden sujetar la cuchara, así que mojan los dedos en el caldo y se los chupan. Un militar tiene pan y algunos se lo quitan de las manos mientras lloran y lo abrazan.

Más tarde nos contarán qué pasó. Las tropas soviéticas avanzaron rápidamente: recorrieron ciento setenta kilómetros en doce días, superaron cuatro líneas de defensa alemanas y rechazaron dos contraataques. Hacía tiempo que las SS que estaban al mando del campo habían recibido la orden de destruir las pruebas de su presencia; en efecto, en octubre de 1944 ya habían destruido el crematorio IV, y, en los últimos días de diciembre, un equipo compuesto por ciento cincuenta mujeres y doscientos hombres ya se había encargado de borrar sus huellas: cubrieron con hojarasca las fosas donde se habían quemado los cuerpos, quitaron las cenizas y las tiraron al Vístula; los alemanes llegaron incluso a ordenarles que retiraran la arena empapada en sangre. Muchas cosas desparecieron para siempre.

El 21 de diciembre de 1944 se desmantelaron las alambradas electrificadas y las torres de guardia de Birkenau, desmontaron el barracón donde desnudaban a los prisioneros antes de entrar en las cámaras de gas adyacentes al horno crematorio II. Sabiendo que los rusos estaban a las puertas, los alemanes se pusieron manos a la obra con diligencia para reciclar todo lo que fuera posible: desmontaron la parte de los hornos crematorios y de las instalaciones y los enviaron a la Baja Silesia, al campo de Gross Rosen;

97

quemaron los registros de las llegadas, de las muertes y de todo lo que se almacenaba como subproducto de las muertes. También ardieron una parte de los almacenes.

Eso fue lo que sucedió antes de que llegaran los rusos.

Que son rusos, o mejor dicho que no son alemanes, lo comprendemos por los uniformes; son diferentes de los nazis: llevan una estrella roja en la gorra. Y, dadas las circunstancias, sonríen. No es fácil para ellos porque el campo, en toda su crueldad, los ha dejado consternados. No saben qué decir. No logran digerir tanta locura, pero nos sonríen, o al menos tratan de hacerlo. Nos dan una taza de café, leche caliente, pan untado con margarina… Es un sabor que no conozco.

Pregunto por mi madre. Pregunto si alguien la ha visto. Nadie sabe nada, nadie me da noticias de ella.

Se me hace raro no ver a los alemanes alrededor. Somos libres, pero todavía no nos damos cuenta del todo.

Algunos barracones se han quedado desiertos; otros siguen ocupados por personas que se asoman tímidamente. En la lejanía, dos chicos transportan el cuerpo de un ser querido a un agujero para darle sepultura. Todavía queda algo de vida en esta extensión inmensa de muerte. Oigo las voces de unos soldados que se dirigen en alemán a un grupo de mujeres polacas. Dicen:

—Haceos cargo de esa niña. Su madre ha muerto.

Me doy cuenta de que hablan de mí. «¿Mi madre ha muerto? No me lo creo».

Se me acerca una mujer. Lleva puesto un abrigo negro de piel de foca. Lo toco, la abrazo. ¡Es tan cálido! ¡Tan suave!

Me pregunta sin rodeos:

—¿Quieres venir conmigo?

Respondo que sí sin pensármelo dos veces.

—¿Te portarás bien? —me pregunta de nuevo.

Vuelvo a decir que sí.

—Te ocuparás de las ocas, ¿te gustaría?

—Sí —repito sin comprender del todo qué significa ocuparse de las ocas.

Pero luego me armo de valor y le pregunto:

—¿Has visto a mi madre? ¿Por casualidad la has visto?

No sabe qué responder.

—Los soldados dicen que ha muerto —contesta finalmente, haciéndome una señal para que mire un poco más allá.

Hay un montón de cadáveres a pocos pasos de nosotras. Pienso que podría estar ahí, sepultada debajo de esos cuerpos. Por primera vez tomo conciencia de la posibilidad de que mi madre haya muerto, pero en el fondo de mi corazón no me lo creo; en el fondo todavía tengo esperanza.

La mujer ha acudido al campo con un grupo. Dicen que las manda el cura de Oświęcim para hacerse cargo de nosotros porque ya no nos queda nadie, porque somos huérfanos y necesitamos una familia. No sé por qué me ha elegido. Estoy muy flaca, tengo las piernas rojas e hinchadas por el frío; se me come la roña, no tengo pelo: soy un trapo, un guiñapo que apenas puede andar.

Me pongo de pie, hago ademán de seguirla, pero luego, instintivamente, me tiro al suelo por temor a que alguien me vea. En realidad, nadie me presta atención. Además, soy libre de seguir a la mujer; de caminar, aunque me cueste, con la cabeza alta; de moverme en cualquier dirección. Si quisiera, incluso podría salir del campo sola. Tengo derecho, soy libre. Las torres de los alemanes están vacías. Ya no hay armas apuntándonos. Los perros con sus ladridos han desaparecido.

Los soldados con la estrella roja no nos prestan mucha atención, más bien nos miran con curiosidad. Observan lo que sucede a su alrededor. Debe sorprenderles lo que ven: una extensión de barracones abandonados. Las huellas de lo ocurrido son bien visibles. La fuga de los alemanes ha dejado tras de sí muchas señales de lo sucedido. Han huido, pero no han podido borrar los horrores cometidos.

Las mujeres de Oświęcim, que están aquí para adoptarnos, también se llevan a otros niños. Aunque no sabemos quiénes son, con tal de dejar el campo nos iríamos con cualquiera. Tras meses de oscuridad, sus sonrisas nos reconfortan el alma y nos invitan a fiarnos, pero no logran arrancarnos de la infelicidad. Somos infelices a pesar de la liberación. El ansiado fin de la oscuridad ha llegado, pero la luz que nos envuelve no es la que habíamos soñado.

102 Mi luz es mi madre. Habría deseado dejar Birkenau con ella, volver a la vida con mamá. Soñaba con coger juntas el tren que nos había traído hasta aquí, con volver sobre nuestros pasos por aquellas vías, con subir juntas a un vagón que nos llevara a nuestra Bielorrusia; un vagón normal, no de mercancías, donde habríamos bebido algo caliente mientras las llanuras polacas desfilaban por la ventanilla y nuestra tierra se hacía cada vez más cercana.

Soñaba que nos acompañarían mis abuelos y mi hermano, que la familia se habría reunido de nuevo y entraríamos juntos en la casa familiar de la aldea donde nacimos, encenderíamos la chimenea y asaríamos patatas y todo volvería a ser como antes; yo tendría por delante los años de la adolescencia, recuperaría la época más hermosa de mi vida. Mi padre también volvería de la guerra. Nuestro país nos acogería con los brazos abiertos y elogiaría nuestra resistencia. Correría de nuevo con Michał por los prados, iríamos juntos a pescar en los arroyos, me llevaría a hombros cuando estuviera cansada, y luego me tumbaría en la hierba y respiraría a pleno pulmón el aire limpio de la aldea. Por las noches, miraría las estrellas y hablaría con la luna. Jugaría por fin con los demás niños a los juegos que me prohibieron en Birkenau.

El campo se convertiría en un recuerdo lejano que se iría desvaneciendo con el paso del tiempo. Por las noches, mi madre me acostaría, se tumbaría a mi lado, me cantaría una canción de cuna y me daría un beso. Crecería con mis padres. Iría al colegio del pueblo y a las clases de catequismo en la parroquia. Me enamoraría de alguien y me casaría. Tendría una vida feliz y la oscuridad se disiparía día tras día. Quién sabe, quizá la olvidaría.

Soñaba que esa sería mi vida después del campo de exterminio, del doctor Mengele y sus atroces experimentos. Cruzaría la verja de Birkenau para ir a Bielorrusia y pasaría bajo las torres de la entrada mirando al este, hacia mi amada patria. Así deberían haber ido las cosas. Así imaginaba mi futuro por las noches, tumbada en las tablas hediondas del barracón de los niños de Birkenau.

En cambio, heme aquí.

Asustada, sigo a una mujer con un abrigo negro de piel de foca que camina rápida. Me ha elegido. Soy suya. Está impaciente por que la siga hasta su casa. Me habla en polaco, dándome a entender desde el primer momento que a partir de ahora será mi idioma. El campo ha quedado atrás, ya no existe, pero tampoco existe Bielorrusia.

Por una parte me siento aliviada: dejo Birkenau, salgo de esta locura; por otra, siento que se me hiela el corazón. Mi madre ya no está conmigo, tengo la edad suficiente para entenderlo; lo que dejé en los bosques de Bielorrusia no volverá; no sé nada de mi padre ni de mi hermano ni de mis abuelos. ¿Dónde están? No tengo la respuesta, y esta mujer no puede dármela. Lo único que puedo hacer es seguir sobreviviendo, como siempre. Tengo que liberarme del dolor que me causan los recuerdos. Y resistir. Seguir resistiendo.

Salgo del campo a pie. Con los alemanes aprendí a disimular mis sentimientos, y eso hago ahora con esta mujer que me ha elegido. Ni río ni lloro. Me trago la nostalgia que me ataca por todos los frentes. La nostalgia de mi madre, un recuerdo lacerante. Disimulo. Finjo que la nostalgia no existe. Salgo de Birkenau con esta mujer.

Me llamo Luda, este es el nombre que me han puesto mis padres. «Me llamo Luda», pien-

105

so, pero mi verdadera identidad en realidad ya no tiene sentido. Intuyo que la mujer me ha elegido porque soy pequeña, la más pequeña del campo. Cree que es probable que olvide, que no recuerde, que empiece una nueva vida como si nada. No es así, no puede ser así, pero la esperanza es lo último que se pierde. Por supuesto, me adentro en algo nuevo, algo desconocido que no sé adónde me conducirá.

Cuando cruzo el arco de entrada de Birkenau, a la sombra de la gran torre desde la cual vigilaban la llegada y la salida de los trenes y dirigían las operaciones del campo, piso la nieve que unas horas antes han pisado los deportados obligados a huir. Las huellas de la gran marcha (la que más adelante descubriré que es la marcha de la muerte) se han vuelto de hielo; busco entre ellas una que se parezca a la de mi madre. «Quizá no haya muerto —pienso—. Quizás esté entre los prisioneros que los alemanes se han llevado con ellos».

Resbalo y me caigo al suelo. Instintivamente miro alrededor y me pregunto de qué lado llegará el golpe, pero, una vez más, me doy cuenta de que los alemanes ya no están. A mi lado está esa mujer polaca, que me sujeta, me ayuda a levantarme y me hace una señal para que siga caminando. Su casa no está lejos, dice. Las ocas nos esperan; su marido nos espera; la vida juntas nos espera.

Mi vida fuera del campo me espera.

107

5

*O*święcim, la ciudad que me adopta a la salida del campo de exterminio, es una ciudad con mucha historia. Los primeros asentamientos, ubicados en una encrucijada que parece propicia, se remontan al siglo XI. Las aguas frescas y limpias del río Sola bajan de los montes Besquidas para confluir en las del Vístula. Con la embarcación adecuada, se pueden alcanzar ciudades lejanas como Cracovia o Varsovia en busca de transacciones comerciales. Ninguna generación de sus habitantes habría imaginado jamás que la ciudad se haría famosa en el mundo por ser el símbolo de la mayor tragedia humana jamás ocurrida, que el país vecino se apoderaría de ella y la volvería a bautizar con el nombre de Auschwitz. Parecía una tierra bendecida. No lo era.

En tiempos pasados ya se habían dado algunas señales de la devastación que allí tendría lugar, como si el destino de Oświęcim estuviera inescrutablemente escrito. Al igual que otras muchas ciudades polacas, Oświęcim contaba con una historia de invasiones, entre las que destacaba la sueca, en 1655, por ser especialmente violenta. Décadas más tarde, la peste y un gran incendio postraron la ciudad durante casi doscientos años. Permaneció allí, suspendida en el corazón de Europa, a la espera de tiempos mejores.

A partir de la segunda mitad del siglo XIX, la ciudad se recuperó y se convirtió en un importante enlace ferroviario de la línea Cracovia-Viena. La modernidad trajo consigo el trabajo en las fábricas: una curtiduría, el consorcio de fábricas de maquinaria y vehículos Praga-Oświęcim, la

109

destilería de vodka y licores de Jakub Haberfeld, una fábrica de fertilizantes, la compañía de conservas de pescado Ostryga y Atlantic y la fábrica de maquinaria agrícola Potęga-Oświęcim. Pero la plaga de las inundaciones y de los incendios volvió a la carga; en 1863, el fuego quemó dos tercios de la ciudad; entre los edificios afectados se encontraban la torre de la iglesia parroquial, dos sinagogas, el ayuntamiento y el hospital que servía de refugio a los pobres.

Pero en el siglo xx, tras la anexión de Polonia al Tercer Reich, Oświęcim, por otra parte como el resto del país, quedó sometida a la voluntad de Hitler y sus jerarcas, que la eligieron como ubicación de una fábrica de muerte, uno de los campos de exterminio instalados por los nazis, pero no uno cualquiera, sino el que estaba destinado a convertirse en el más siniestramente famoso: Auschwitz.

Los Rydzikowscy, mis padres adoptivos, viven en las afueras de la ciudad. Tras la invasión, los alemanes les expropian las tierras sin muchos miramientos. En efecto, deciden construir en ellas la gran puerta y la torre del campo de Birkenau.

No son los únicos, por supuesto. A muchos polacos les expropian la casa y se ven obligados a buscar alojamientos temporales donde pueden. Los alemanes construyen los barracones del campo con los materiales de sus viviendas: los nuevos alojamientos de los deportados con sus ladrillos, las puertas con sus muebles y las ventanas con los marcos que había en las suyas.

No queda nada de la antigua casa de los Rydzikowscy; la nueva es un piso de un barrio pequeño de las afueras donde los alemanes los obligan a vivir. La primera noche que paso en esa casa todo es nuevo y difícil para mí. Cambio de repente las tablas del barracón por una cama limpia, con sábanas blancas recién lavadas y una almohada blanda.

Antes de acostarme me meten en un barreño rebosante de agua y jabón, o al menos lo intentan. Quieren bañarme, pero no estoy acostum-

111

brada. Me agito, trato de salir, de escapar, y no pueden sujetarme. El agua salpica el suelo de toda la habitación. Un terremoto sacude la casa de los Rydzikowscy. Tiene que intervenir una señora anciana, amiga de la mujer que me ha adoptado; tratan de bañarme a la fuerza entre las dos sujetándome por los brazos. Sea como fuere, al final logran que me dé el dichoso baño. Me secan con una gran toalla blanca y luego me acuestan, pero aún no logro quedarme quieta. Me agito. Las dos señoras se sientan a ambos lados de la cabecera. Creen que me dormiré enseguida, pero cuando comprenden que no será así tratan de convencerme. No entiendo todo lo que me dicen. Mi mirada vaga sin cesar de un lado a otro de la habitación, mis pupilas son como luciérnagas que se encienden y se apagan en la oscuridad de las noches estivales.

Las horas pasan y yo no me duermo. Estoy agotada cuando, con las primeras luces del alba, me hundo en un sueño profundo y a la vez agitado. Así transcurre mi primera noche en una

26 de mayo de 2021: el papa Francisco besa el tatuaje grabado en el brazo de Lidia durante la reclusión en el campo de Birkenau.

Lidia en los escalones del vagón en el momento de la llegada a Moscú.

Lidia con Aleksander Boczarow, su padre biológico, en la estación de Moscú.

Lidia con Anna Boczarowa, su madre biológica, en el hotel Leningrad de Moscú.

Lidia con Bronisława Rydzikowska, su madre adoptiva (a la izquierda), y Anna Boczarowa, su madre biológica (a la derecha), en el hotel Leningrad de Moscú.

La familia biológica de Lidia —padres y tres hermanas nacidas después de la deportación de la madre: Olga, Rima y Swietłana— a la espera de su llegada en la estación de Moscú.

Lidia a la edad de cinco años.

Lidia el día de la primera comunión.

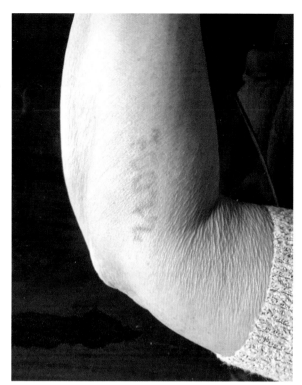

El número tatuado en el
brazo de Lidia en Birkenau.

Lidia delante de la puerta
de la Muerte durante una
visita a Auschwitz.

Bronisława Rydzikowska, la madre adoptiva.

Lidia a la edad de dieciocho años, la primera foto enviada al Servicio Internacional de Búsquedas de la Cruz Roja de Hamburgo.

Lidia con su madre biológica, Anna Boczarowa, y con Tadeusz Szymanski, el guardián de Auschwitz. Él era el responsable de las historias de los niños que estuvieron prisioneros allí y facilitó el contacto entre Lidia y la oficina de Hamburgo.

La lista del Instituto de Higiene de las SS con el nombre y el número de Lidia.

Lidia con el conde
del castillo de
Castellamonte,
Tomaso Ricardi di
Netro, y su asistente
Renata Rychlik.

Lidia con Evelyn
Cretier, símbolo de
su infancia perdida,
durante el paseo por
las vías de Birkenau.

casa normal, la primera depués de los bosques de Bielorrusia y el barracón de Birkenau; la primera noche en casa de los Rydzikowscy.

«Señora», así es como llamo a la mujer que me sacó del campo. No logro llamarla mamá; tampoco por su nombre: Bronisława. Ella no me lo pide, al menos de momento. Descubriré que está casada y que su marido, Ryszard, está en un campo de trabajo alemán, en el corazón del Tercer Reich; es uno de los muchos polacos que se llevaron de sus casas y enviaron a trabajos forzados.

La señora habla poco de él, tiene modales bruscos. Con su madre también es de pocas palabras. Conmigo trata de mostrarse amable, pero su temperamento desprende dureza. La cubre una capa ruda, algo duro que la hace impenetrable. Con el tiempo comprenderé muchas más cosas de ella. Por ahora solo veo a una mujer autoritaria que se esfuerza en ser lo que la naturaleza le ha negado ser: una madre.

Me habla en polaco, un idioma que aprendo pronto porque en el campo había muchos judíos polacos y me acostumbré a descifrar algunos de sus susurros. Así que las primeras palabras de la señora no me suenan del todo extrañas: «duerme», «come», «no corras», «estate quieta», órdenes más amables que las de los alemanes, pero también autoritarias, que obedezco tal y como me enseñó mi madre. «Si quieres sobrevivir, desaparece, calla, y sobre todo no reacciones. Haz lo que te dicen y no tendrás problemas».

Al poco me he adaptado. Ejecuto las órdenes de la mujer en silencio y mantengo la compostura incluso cuando la regañina se me hace insoportable. Para obtener lo que quiere suele amenazarme con devolverme al campo: «¿Quieres volver allí? ¿No tienes bastante con la palizas que te han dado los alemanes?», me pregunta. En ocasiones así, no respondo ni reacciono, pero no tengo miedo. No me asusta ella ni la amenaza del campo. Me han dicho que ahora está vacío. ¿Qué debería temer?

Tengo que admitirlo: tras lo que viví en Birkenau, no le tengo miedo a nada. Ahora la vida me parece ir cuesta abajo. Sin embargo, en el fondo de mi corazón, sobre todo de noche, me embarga una sutil pero terrible nostalgia. «¿Dónde estás, mamá? ¡Vuelve a buscarme, mamá!», repito en voz baja mirando al cielo, las estrellas y la luna desde una ventana de mi habitación. «¿Mi madre también las estará mirando? —me pregunto—. Nunca te olvidaré, mamá. Nunca olvidaré quién soy. Soy Ljudmila, tu pequeña Luda».

A la mañana siguiente me despierto aturdida. Al final he dormido, pero no he descansado. No comprendo inmediatamente dónde estoy. Me concentro: el campo liberado, la señora del abrigo negro de pieles, la invitación a seguirla por el sendero nevado, el frío, la nueva casa con su tibieza y la cama blanda de la que salto como si todavía tuviera que participar en el recuento matutino de la *kapo*. Abro un mueble con cierto ímpetu.

La señora lo oye y sabe que estoy despierta. No me da tiempo a esconderme antes de que entre en la habitación y me invite a seguirla a la cocina. Me ofrece un plato humeante, una sopa caliente. No sé de qué es, pero su aroma es embriagador. Primero la tomo en pequeños sorbos, luego cada vez con más voracidad. El hambre que constantemente me atenazaba en el campo reaparece, pero por fin mi estómago queda satisfecho. Las dos mujeres, la señora Bronisława y su madre, me observan a unos pasos de distancia. Se miran a los ojos, satisfechas. Me comporto casi con normalidad; ahora que he consumido mi primera comida, parece que mi integración será rápida…, o al menos eso piensan ellas.

116

La ilusión, sin embargo, dura poco. Al cabo de unas horas me entra un fuerte dolor de estómago. No me aguanto de pie, me sube la fiebre, me pongo pálida y los latidos se ralentizan. La señora está trastornada; piensa que me estoy muriendo. Sale corriendo de casa, se precipita a llamar a la puerta de un doctor de la ciudad y le suplica que la siga.

Cuando llegan, estoy casi en coma. Tengo una oclusión intestinal que está degenerando y podría ser letal, pero, no sé cómo, logran bajarme la fiebre. Al cabo de unas horas ya estoy mucho mejor.

—Que no coma así nunca más —le dice el doctor a la señora refiriéndose a mí—. Tiene que volver a acostumbrarse a la comida gradualmente. Por ahora —prosigue— que tome solo leche de cabra.

La leche de cabra está lejos de casa. La señora y yo recorreremos a pie unas cuantas calles hasta llegar a la casa de una mujer que cría animales. Estos me gustan. Las cabras son más bien dóciles, hasta se dejan acariciar. Lo que no soporto, en cambio, es el sabor de su leche. Pero increíblemente, a pesar de que cuando la bebo me dan ganas de vomitar, la digiero bien; es más, mejoro con el paso de los días. Cada vez que vamos me dan una gran taza de medio litro. Siempre espero que haya mucha espuma para que haya menos leche, pero la señora vigila, y si ve mucha espuma, ordena que añadan un poco más de leche. A veces, cuando la señora le pone alguna hierba cuyas propiedades considera especiales, es realmente imbebible. No sé qué clase de hierbas son; su sabor es amargo, pero tengo que tragármela. No puedo negarme.

El campo me ha dejado muchas cicatrices: sufro de tuberculosis, tengo problemas de circulación en las piernas y en los brazos, las heridas se hacen notar a menudo y de vez en cuando el tatuaje me escuece; instintivamente lo escondo de la vista de los demás, aunque sé que la señora y su madre conocen su existencia y su significado, aunque nunca lo mencionan. Es como si el campo y lo que ocurrió dentro sea algo que hay que olvidar, excepto cuando me amenazan con volver a llevarme para que me porte bien. Sea como fuere, hay que borrar la oscuridad y el dolor que provocó. Punto. No es un deseo, es una orden. Así que, a pesar de que el tatuaje está ahí, bien visible, fingimos que no está.

Sin embargo, todo Oświęcim habla de lo que pasó. Incluso la casa en que vivimos, que era de una familia judía. Los alemanes se la dieron a la señora y a su marido a cambio de su propiedad de Birkenau, pero las paredes conservan las señales de la presencia de los antiguos dueños. En la cocina hay una antigua *menorá* que la familia no pudo llevarse cuando los obligaron a trasladarse al gueto de Varsovia. Antes las velas se encendían al empezar el *sabbat*. Ahora nadie lo celebra, pero la *menorá* está ahí, en nuestra casa, y nos dice que el pasado sigue estando presente, que esas paredes custodian una historia de sufrimiento y abusos que hay que contar. La señora nunca menciona a esa familia judía: jamás volverán. La sentencia se ha dictado. Esta casa ya no es suya porque el destino así lo ha querido. O quizá porque así lo ha querido la maldad de los hombres.

119

Nuestras existencias pasan, pero los lugares donde hemos vivido permanecen. La tierra que la señora y su marido poseían en Birkenau antes de que se construyera el campo sigue allí; a lo largo de años la han pisado los deportados y los alemanes, que hundieron en ella los clavos de los raíles del tren, las traviesas que unen las vías y las mantienen paralelas. Muchas personas murieron en esa tierra. Cientos de miles de personas cruzaron aquella verja sin saber que allí vivió la mujer que me ha adoptado, Bronisława Rydzikowska; sin saber que antes de Birkenau allí se desarrollaba una vida normal en una casa normal que se convirtió en la puerta del infierno.

Del mismo modo, las paredes, los techos e incluso los muebles de mi nueva casa de Oświęcim hablan de quienes ya no están. Hay grandes probabilidades de que sus dueños murieran; las puertas de los muebles que en los días de paz abrieron y cerraron ahora las abren y las cierran otras personas; el destino cruzó sus vidas de la manera más cínica y horrible.

La última sinagoga que queda en Oświęcim, la de la plaza Kościelny, ya no es la misma. También se la arrebataron a sus dueños legítimos y saquearon las obras de arte, los libros, las oraciones, los ritos, los inciensos. Es verdad que algún judío que sobrevivió a Birkenau ha vuelto a la ciudad y entra de vez en cuando, pero al sonido de los antiguos ritos le cuesta volver a imponerse. Lo que sucedió fue demasiado grande para que todo vuelva a ser como antes.

La señora me mantiene alejada de ese lugar. El tatuaje del brazo induce a muchas personas de la ciudad a pensar que soy judía, y ella quiere evitarlo a toda costa. No porque sea antisemita, todo lo contrario. Su familia era de la resistencia: a su hermano lo fusilaron en Auschwitz porque ayudaba a los prisioneros del campo y sus padres murieron poco después de que lo arrestaran, uno de infarto y el otro de ictus. Ella no olvida su historia familiar; es más, está orgullosa de ella. Sin embargo, el miedo a que el enemigo regrese o a que las persecuciones empiecen de nuevo es demasiado grande para todos, también para ella. Teme por mí. Y teme por sí misma.

Fue ella quien me contó lo sucedido delante de la sinagoga, en la primavera de 1941, cuando los recuentos todavía eran inusuales para los ciudadanos: reunieron a todos los judíos de

121

Oświęcim y los pusieron en fila; luego los contaron, los ficharon y los deportaron, la mayoría a los guetos de Będzin, Sosnowiec y Chrzanów. Trataron de hacerlo pasar por el ofrecimiento de una vivienda más nueva y cómoda, pero pocos o ninguno se lo creyó: era la primera etapa del camino hacia el exterminio.

Tras la liberación de Auschwitz, algunos vuelven: restauran el cementerio y destinan la sinagoga a casa de oración pública. Desean encontrarse de nuevo y volver a empezar, pero poco a poco la comunidad se disgrega. Dicen que no pueden quedarse porque Oświęcim evoca espectros demasiado presentes en el corazón de todos. Marcharse es la única solución, el único camino para empezar de cero y no sucumbir bajo el peso de las injusticias sufridas.

A pesar de los esfuerzos de la señora, varias de sus conocidas me llaman «judía». «¿Cómo está la pequeña judía?», le preguntan; lo mismo vale para los niños con los que empiezo a jugar en el patio de casa o en los campos que nos rodean. «Mi madre dice que eres judía», repiten. Trato de explicarles que no lo soy, pero permanecen firmes en sus convicciones. El tatuaje parece darles la razón, es la marca que me separa de los polacos y hace que sea diferente. Frente a tanta insistencia, llego a dudar y le pregunto a la señora si está segura de que no soy judía. Entonces, aunque le cuesta hablar de eso, me recuerda mi historia y a mi madre, a la que deportaron conmigo. Si puede, evita mencionarla: debo tratar de olvidarla también a ella.

Sea como fuere, algo de la cultura y del espíritu de los judíos que fueron mis compañeros de sufrimiento se ha quedado conmigo, se ha colado en mi alma. Hasta tal punto que durante días, ya fuera del campo, repito en voz alta una palabra de la tradición judía, una especie de letanía que recitaban los niños dentro del barracón. Todavía lo hago, ahora forma parte de mí.

Cierto día, Bronisława me pregunta por qué sigo llamándola «señora»; dice que si lo deseo puede ser simplemente mi nueva madre, o al me-

123

nos una tía, y que puedo llamarla así. Pensándolo bien, desde la perspectiva de entonces, puedo intuir su sufrimiento. La señora Bronisława quiere ser mi madre, lo desea con todas sus fuerzas. No tiene hijos, no ha podido tenerlos. Eligió a una de las niñas más pequeñas del campo porque quería una niña suya; lo hizo para llenar el vacío que la falta de hijos le ha dejado dentro, pero también, estoy segura, por amor, porque necesitaba amar. Y a su manera, aunque es una mujer rígida y severa, logra transmitirme ese amor.

124

Adaptarme a la vida normal me resulta muy difícil. Siempre estoy en movimiento. Tras transcurrir tantos días balanceándome en el barracón, me parece mentira que por fin pueda salir, correr, saltar por los prados. Los primeros días quiero volver a ponerme los zapatos, ambos del pie izquierdo, que calzaba cuando dejé el campo, y un enorme jersey de color rojo que me eché sobre los hombros al salir. No recuerdo de dónde saqué esas cosas, pero me había acostumbrado a ponérmelas. Sin embargo, la señora se impone y lo tira todo. Es un pequeño trauma que al principio supero caminando descalza. Necesitaré tiempo para volver a ponerme unos zapatos normales, el derecho y el izquierdo, como los de los demás niños.

Donde peor lo paso es en la mesa. Una vez superada la indigestión puedo comer de todo, pero solo soy capaz de hacerlo con las manos y con voracidad. En cuanto me sirven la comida, la devoro a grandes bocados, mastico poquísimo, me la trago prácticamente entera. Esta avidez también es fruto del miedo que pasé en el campo. Siempre temía que los demás niños me robaran la poca comida que me daban, que los alemanes me la quitaran para hacerme una trastada. Era necesario alimentarse rápidamente, no podías hacerte el remolón. Hoy en día, a distancia de años, conservo la tendencia a comer así, pero es al final de las comidas cuando tengo que obligarme firmemente a no esconder en la servilleta un pedazo de algo para llevármelo. La tentación es fuerte y todavía la siento en los

125

restaurantes, donde me sobrepongo para no hacerlo. Así de totalizadora fue la experiencia en el campo, así de fuerte el impulso de sobrevivir contra todo y contra todos. Era la sensación de la inminencia del final lo que nos volvía unos depredadores.

Hay una infinidad de cosas que apenas puedo hacer tras Birkenau. Entre ellas, subir las escaleras. No sé subir escaleras, me da miedo. Cuando estoy cerca, me pongo a reptar. La señora no tiene mucha paciencia, suele enfadarse, aunque acaba comprendiendo que debe ceder, rendirse. Conmigo, imponerse no siempre es la estrategia adecuada, y ella se da cuenta enseguida: deja que me desfogue porque al final me canso y me vuelvo más dulce, más propensa a obedecerla.

Al cabo de unas semanas, cedo. «Si no quieres llamarme "mamá", al menos llámame "tía"», me repite la señora. Me parece una buena solución; así pues, se convierte en mi tía, alguien un poco más cercano de lo que ha sido hasta ahora. Y al poco se convierte en mamá Bronisława. Es verdad que sigue siendo autoritaria, pero tenemos cierta confianza. De hecho, no he tardado mucho en comprender que, para bien o para mal, esta es mi nueva familia y ella es mi nueva madre adoptiva, la mujer que estará a mi lado mientras me convierto en una adulta.

Con el paso del tiempo, la inquietud que me caracterizaba al salir del campo empieza a aplacarse. Me acostumbro a la nueva cotidianidad, a pesar de que sigo viviendo como si no hubiera dejado del todo el campo: obedezco a mamá Bronisława sin mostrarle abiertamente mis sentimientos, a menudo en silencio, sin manifestar lo que siento. La táctica de supervivencia que adopté en Birkenau todavía es mi manera de enfrentarme al mundo. Un ejemplo de ello es lo que ocurre una fría mañana de invierno.

Hace un día límpido, pero las calles están completamente cubiertas de nieve. Mamá Bronisława decide llevarme a dar un paseo. Anhelo el aire libre, no me gusta jugar en casa. He tirado con fastidio una muñequita que me han regalado.

No me gustan los clásicos juegos para niños, la única diversión para mí es correr por los prados, respirar a pleno pulmón aire limpio, disfrutar de la libertad que me negaron en el campo. Así que mamá Bronisława ata una cuerda al trineo y me arrastra por las calles de la ciudad. He hecho subir al trineo a la pequeña cabra con la que suelo jugar en el patio de casa; la llevo en mi regazo, la acaricio. No pesamos mucho, tirar de nosotras no cuesta mucho. En un momento dado, mamá Bronisława oye balar y se detiene para mirar atrás: el trineo está vacío. La cabra y yo nos hemos caído sobre la nieve, pero mientras que el animal se queja, yo, sentada en el suelo y cubierta de nieve, no lloro ni protesto. Si no hubiera sido por la cabra, quién sabe cuándo se habría dado cuenta de que me había perdido. Me han enseñado a estar en silencio y a no quejarme. Y es lo que hago. Mamá Bronisława me abraza, me pregunta por qué nunca lloro. La miro sin responder. Le dejo que me acaricie el pelo y que me haga apoyar la cabeza en su pecho. Nada hace mella en mí. En mi fuero interno, más que vivir sigo sobreviviendo. Y estoy convencida de que tarde o temprano Anna, mi verdadera madre, vendrá a buscarme y todo volverá a ser como antes, como cuando estábamos juntas en los bosques de Bielorrusia.

Sea como fuere, aprendo a querer a mamá Bronisława, que, a pesar de que es autoritaria, hace todo lo que puede para que me sienta a gusto; también trato de querer a su marido, que entre tanto ha vuelto sano y salvo de los campos alemanes. Mi nueva madre es una mujer meticulosa, una perfeccionista. Siempre trata de vestirme con esmero y se ocupa de coser personalmente mis vestidos y mis faldas. Para ella es importante presentarme a toda Oświęcim con un aspecto aseado y bien peinada; anhela que le hagan cumplidos a través de mí. En casa hay un recorte de periódico con una foto de Shirley Temple, la niña de los tirabuzones de oro. Es su modelo. Le gustaría que yo bailara como ella, pero nunca logrará que llegue a tanto. En cualquier caso, mis

129

tirabuzones se parecen a los suyos. Cuando salimos, me presenta a sus amigas como su pequeña Shirley Temple. A mí no me interesan esas cosas, pero me adapto: sonrío como puedo y acepto los cumplidos de sus amigas sin comentarlos.

Soy muy buena jugando con los otros niños. Al escondite, en especial, soy imbatible. El campo ha sido un maestro en eso: allí aprendí las técnicas para desaparecer de la vista de todos y colarme a escondidas en los rincones más insólitos, hacerme invisible, pasar incluso horas sin rechistar. Me fijo en los gatos, que cuando están asustados se esconden en lugares inaccesibles y desde allí observan sin ser vistos, como yo. En el fondo, jugar al escondite es disfrutar buscando sitios en los que me siento segura y desde los que puedo observar lo que ocurre sin que nadie sepa dónde estoy.

Un día decido esconderme en un hueco entre los matorrales que hay justo fuera del patio de casa. Entro circunspecta, intentando no dejar huellas. Los otros niños se ponen a buscarme y no me encuentran. Al cabo de un rato largo se hartan y dejan de buscarme, pero yo no salgo. Me quedo allí, aislada en mi escondrijo. No tengo intención de salir. Pienso en cuando el doctor Mengele entraba en el barracón a buscarnos y yo me arrastraba bajo las tablas de madera hasta la pared. Era imposible que me viera. Cerraba los ojos y hablaba en silencio con mi madre: «No me atraparán —le decía—. Resistiré por ti». En mi escondrijo entre los matorrales cierro los ojos y también hablo con ella: «No puedes estar muerta —le digo—. Un día me encontrarás y volveremos a estar juntas».

131

Cuando anochece, oigo que mamá Bronisława me llama. Está preocupada: no me ha visto en toda la tarde. Nadie sabe dónde estoy. Entonces decido salir. Voy a su encuentro y ella me abraza.

—No te preocupes tanto por mí. Solo estaba jugando al escondite —le digo.

Después de la guardería empiezo la escuela primaria. Para matricularme tengo que constar en el registro civil; en ese momento, mamá

Bronisława decide que también hay que bautizarme. Pensándolo bien, ahora me doy cuenta de que ella debía saber muchas más cosas de mí de lo que yo creía; por ejemplo, que mi madre y mi familia de origen eran católicas.

Sea como sea, al cura de Oświęcim le dice con convicción que nací en una familia católica y que por eso debo recibir el sacramento. Ella y su marido también son profundamente creyentes, o al menos eso dicen. Su religiosidad tiene una punta de rigor que los vuelve severos, personas con sólidos principios morales. No recuerdo el día del bautismo; cuando acaba, tengo un nuevo nombre, el nombre que constará en el registro civil: Lidia. Desde entonces me llamo así oficialmente. Y para toda Oświęcim me convierto en «Lidia la del campo».

No me rebelo a este cambio. Es una decisión que ha tomado mi madre adoptiva y a la que yo me adapto. En el fondo, pienso, de Luda a Lidia no hay mucha diferencia. De hecho, con el bautismo me convierto en su hija de verdad. Ten-

132

go un nombre que antes no tenía y un apellido que no es el mío. Soy polaca. Mis raíces rusas han desaparecido. En estos tiempos asolados por una guerra que ha destruido archivos y familias, funciona así, no hay alternativas. Por otra parte, nadie me ha buscado, nadie me ha reclamado. Mi verdadera familia no ha dado señales de vida. Para toda Oświęcim, mis padres han desaparecido. No me queda más remedio que integrarme en esta comunidad.

Sin embargo, el pasado, y no solo mi madre, sigue vivo dentro de mí. En el colegio lo comprueban enseguida. Un día, durante el recreo, mientras las maestras están distraídas hablando entre sí y no nos prestan atención, reúno a los niños a mi alrededor y les propongo un juego.

«*Schnell!*» ¡Rápido! Esa es la orden en alemán que sale de mi boca casi sin que me dé cuenta.

«*Schnell!*», digo, que es lo que nos decían las SS cuando nos ponían en fila delante del barracón para elegir a los que se iban con Mengele, o cuando reunían a los deportados recién llegados al campo para decidir quiénes iban directamente a las cámaras de gas y quiénes, al menos de momento, podían considerarse a salvo. Los compañeros de clase se prestan al juego; no saben lo que significa esa palabra, no saben cuáles son mis intenciones, pero obedecen. Se disponen en fila, uno al lado de otro, mientras yo, con un palo de madera que me coloco debajo de la axila, como si fuera una fusta, paso revista a los presentes con mirada torva e inquisitorial. Los escruto uno a uno y, por turnos, les levanto y les bajo la cara con el palo empujándoles la barbilla; les pregunto cómo se llaman, cuántos años tienen, de dónde vienen. Les explico que no deben rechistar, porque cualquier movimiento en falso puede tener consecuencias letales. Y puesto que se han portado mal, les digo, la mitad de ellos acabará en el horno crematorio.

—¿Veis el humo que sale de la chimenea, al fondo? —pregunto—. Pues bien —añado—, allí iréis a parar la mitad de vosotros. Primero os gasearán. Moriréis en la cámara de gas. Luego quemaremos

134

vuestros cuerpos. No quedará nada de vosotros, solo ceniza y polvo como el que pisáis ahora.

Algunos se ríen, otros no. Así pues, actúo en consecuencia: algunos deben dar un paso adelante. Son los que morirán.

—¿Qué pasa aquí?

La voz de la maestra suena alarmada a mis espaldas. Me doy la vuelta y la veo a ella y a sus compañeras mirándome asustadas. Suspenden inmediatamente el juego. Me apartan de los demás y me preguntan a qué diantre jugaba. Llaman a mamá Bronisława y se lo cuentan. Me lleva a casa. Los demás niños les cuentan el juego a sus padres. Se arma un buen jaleo. Piensan que soy peligrosa, que podría enseñar a sus hijos cómo convertirse en asesinos. Mamá Bronisława se pone hecha una furia.

Me pregunta: «¿Por qué me haces quedar mal?». Y me castiga. Me dice que lo que viví en el campo ya no existe.

Como siempre, acepto su decisión, su castigo. Pero, por ejemplar que pretenda ser, no hace me-

135

lla en mí. No le tengo miedo a nada. Soy Lidia la del campo: he cruzado el infierno y he salido viva de él. *Schnell! Schnell!* Durante todo el día, los gritos de los alemanes resuenan en mi cabeza. Comprenderé que se me ha quedado grabado mucho más de lo que creía. No significa que yo, víctima, me haya convertido en verdugo. Eso es imposible. Pero las palabras de los verdugos se han convertido en mi segunda piel. Guste o no guste, forman parte de mí.

136   Hay una sola cosa que no me he llevado del campo: el abuso. Las maestras lo notan. Mi madre adoptiva me da un bollo para llevar al colegio. A diferencia de cuando estaba en el campo, que me tragaba la poca comida que encontraba sin compartirla, aquí lo reparto con los compañeros que me lo piden. Descubro la alegría de compartir, algo que nunca he experimentado. Quizá se trate de una enseñanza que mi verdadera madre me ha dejado de forma involuntaria: si ella encontraba comida, me la daba enseguida, renunciaba a comérsela para dármela a mí. Evi-

dentemente, eso se me ha quedado grabado. Y ahora aflora en el colegio. A mamá Bronisława le gusta, pero me dice que tenga cuidado de no quedarme sin nada.

En la estación fría, por las mañanas suelo llegar tarde al colegio. Los inviernos en Polonia son rígidos. Nieva copiosamente. Y para mí la llamada de la nieve es irresistible. Antes de entrar en clase subo hasta la cima de una pequeña colina que hay al lado del colegio. La cartera se convierte en un trineo. Me deslizo varias veces y a menudo llego a clase empapada. Por suerte, las maestras, a pesar de su severidad, saben lo que son los campos de exterminio y que yo estuve en uno, así que tratan de ser indulgentes conmigo: me desnudan y ponen mi ropa a secar cerca de una gran estufa. Aceptan mi vivacidad y tratan de convivir con ella. Mamá Bronisława hace lo mismo. Delante de mis compañeros de clase hasta la llamo «mamita», y a su marido, «papá». En el fondo también estoy bien con él. Los mejores momentos son cuando me carga sobre sus hombros y salimos juntos de casa para ir al río; sus aguas están limpias y llenas de peces. Lanzamos los sedales que pasan por las rabizas de nuestras dos cañas de pescar. Qué emoción cuando el corcho se hunde en el agua, qué emoción sacar algún pez. Pasamos jornadas despreocupadas que hacen que me sienta parte de una familia. No me olvido de mi verdadera madre, Anna, ni de mi padre, Aleksander, ni de mis abuelos y mi hermano, Michał, pero con el paso del tiempo sus figuras se desvanecen, la nostalgia que siento por ellos me atenaza cada vez menos.

Otros niños siempre vienen con nosotros al río; pasamos días enteros al aire libre. Oświęcim se convierte en un lugar amigo, pronto será mi casa. A veces, cuando mamá Bronisława confecciona vestidos para otros niños y los regala, me pongo celosa.

La vida en Oświęcim después de la guerra tiene que rendir cuentas a la incómoda presencia de los dos campos de exterminio: Auschwitz y Birkenau, a poca distancia uno del otro. El destino de «mi campo», Birkenau, que permanece allí después de la liberación, está como suspendido. Nadie sabe exactamente qué hacer con él. Las verjas están abiertas, nadie las vigila. La necesidad de la memoria, es decir, de conservar las pruebas de lo ocurrido a modo de advertencia, todavía no forma parte de las conciencias. El mal es demasiado reciente para metabolizarlo, para hablar de él. No obstante, el campo sigue en pie, con sus barracones, con la alambrada que lo rodea y con los hornos crematorios destruidos. También sigue en pie la torre de la entrada, desde la que las SS vigilaban los convoyes, y los andenes donde separaban a los deportados en dos filas: la de la muerte y la de la vida. Ahora están vacíos y silenciosos, como los demás senderos y los caminos que recorrieron las SS y los detenidos. El panorama, más allá de las ruinas de los hornos, es el mismo: árboles y prados separan el campo del Vístula, el río al que los prisioneros

139

soñaban con llegar; significaba la libertad, huir de los alemanes. Todo sigue allí, un monstruo privado de su alma.

Mi tío, el hermano de mamá Bronisława, tiene un terreno que limita con Birkenau. Allí ha construido una casita. De vez en cuando voy a verlo con los demás niños. No cuesta nada saltar la verja y entrar en el campo. Las primeras veces titubeo. Vislumbro, de lejos, mi barracón, el lugar en que sufrí durante tantos meses; me atrae y a la vez me asusta. Hasta que un día algunos niños me llaman desde dentro: «¿Vienes, Lidia?». Parece que conocen bien el lugar. Descubro, en efecto, que quizá soy la única niña de Oświęcim que no ha puesto los pies en él después de la liberación. Para los demás, el campo es un lugar como cualquier otro donde jugar libremente al escondite, mientras que los adultos hace tiempo que se llevaron todo lo que encontraron.

Salto y entro. Me piden que juegue con ellos. Es una invitación irresistible. Poco a poco, el campo vuelve a ser para mí un lugar familiar.

Lo recorro a lo largo y a lo ancho. Entro en los barracones, también en el mío. Acaricio los dibujos que los niños dejaron en las paredes, corro por los pasillos, salto sobre las tablas donde antes solo podía permanecer sentada y oscilar de atrás para delante. Los barracones pronto dejan de impresionarme y de darme miedo. Me divierto especialmente subiendo a las torres a otear, como hacían los alemanes.

Los demás niños y yo delimitamos el campo para jugar al escondite. Aquí también gano siempre. Me escondo donde a nadie se le ocurriría hacerlo. Lo he hecho durante meses allí dentro, tengo práctica. Vuelvo a ver el sendero por el que mi madre reptaba hasta mi barracón. Me parece ver a la joven Anna haciendo todo lo que está en sus manos para mantenerme con vida. De vez en cuando me aventuro donde estaban los hornos y en los andenes donde vi por última vez a mis abuelos y a Michał, pero luego vuelvo a jugar. Ya no me quedan lágrimas. Solo tengo ganas de vivir.

141

No he olvidado el frío de los meses invernales, por supuesto. Ahora estamos en verano y alrededor de los barracones crecen la hierba y las flores silvestres; el sol calienta la tierra. Parece imposible tanta luz, tanta explosión de vida. Todo lo ocurrido parece ser completamente indiferente a la mayoría. Donde olía a carne quemada, la naturaleza ha vuelto a conquistar su espacio y domina invencible. Les hago de guía a algunos niños: les cuento quiénes vivían en los barracones, para qué servían las torretas y la gran torre de la entrada, las vías con los vagones de mercancías que entraban en el campo. Revivo con ellos lo ocurrido; de hecho, me convierto en el primer testigo. Se lo cuento como puede hacerlo una niña: con sencillez y sin mentir. Los niños no mienten, cuentan lo que saben, lo que vieron, lo que vivieron.

Quizá por eso, cuando ahora me preguntan si me parece adecuado llevar a los niños a visitar Birkenau y los demás campos de exterminio y de concentración, respondo que sí. Sé que muchos padres prefieren llevarlos cuando son mayores, y respeto su decisión, pero no creo que pueda perjudicar a los más pequeños ver el lugar donde ocurrió todo aquello. Es más, creo que puede ayudarlos a comprender hasta qué punto los hombres pueden asomarse al abismo, hasta qué nivel de crueldad pueden llegar. Allí dentro vivieron niños como ellos; miraron al mal a la cara y tuvieron que vérselas con él. Hoy en día no tienen nada que temer, pero el deber de recordar vale para todos. Saber y conocer puede ser decisivo para las generaciones futuras. No me parece que el antisemitismo sea una plaga extinguida. Su embrión sigue vivo en nuestra Europa. Para que el horror no se repita es necesario que los hombres y las mujeres hayan madurado hasta tener una conciencia crítica; han de saber rebelarse contra quienes fomentan el odio y la división, acoger la pluralidad, ser personas de amor y de vida. Para formar ciudadanos así, se necesita actuar cuando todavía son niños; no solo contárselo, sino también mostrárselo. De niño, una

143

visita a Birkenau puede convertirse en un punto de referencia para toda la vida, en un testimonio que nunca perderá su fuerza. Esta es mi opinión.

Recientemente me han impresionado las palabras de la escritora judía Edith Bruck. Cuenta que después de la deportación volvió a su aldea en Hungría, en los años ochenta. La acompañaron a visitar una escuela. Todos los niños llevaban un lazo rojo, pues por aquel entonces el Partido Comunista todavía estaba en el poder. Leyeron en voz alta un fragmento de su libro dedicado al Holocausto; luego ella preguntó a la clase: «¿Qué sabéis de la historia de la aldea?». Una niña se puso de pie y respondió: «Había una señora judía muy rica que vivía en el cementerio. Un día llegaron unas personas —la niña no sabía precisar quiénes eran— y le dijeron que se fuera». Dice Bruck en una entrevista: «Eso es lo que les han enseñado a los niños: ¡nada! Ninguno sabía que nos habían deportado y perseguido, que los que habían ido a buscarnos eran alemanes y que su objetivo era exterminarnos.

No puede sorprendernos que ahora en Hungría se insulte a los judíos por la calle, que hayan vuelto aquellas historias horribles sobre los judíos ricos que controlan el mundo, que vuelva a florecer un antisemitismo feroz. He escrito este libro porque creo que, en estos momentos, recordar es mucho más importante que hace sesenta años. Sobre Europa vuelve a cernerse una nube negra».

En la actualidad, algunos de los barracones de Birkenau ya no existen, fueron derribados. En efecto, sirvieron para construir muchas de las casitas que hoy surgen alrededor del campo, incluida la de mi tío. Los polacos se apoderan de nuevo de lo que los alemanes les quitaron tiempo atrás expropiando y derribando sus viviendas para construir los barracones de los deportados. Por suerte, no todo desaparece del campo; por fortuna, la mayor parte de sus estructuras permanece en pie, como mi barracón, en el que se pueden encontrar los dibujos que algunas deportadas que llegaron de Varsovia en los meses que precedieron a la liberación hicieron en la pared central. También reconozco el olor a rancio y a muerte, así como las señales de una vida de reclusión que será para siempre la parte más oscura de mi existencia.

Los años cincuenta en Oświęcim son simples y bonitos. En la ciudad no hay automóviles; hay mucha pobreza, pero nadie está triste. De vez en cuando viene a verme mi madrina de bautismo, que vive en Cracovia. Su marido tiene un automóvil. Cuando llegan, toda Oświęcim acude a mirar aquel vehículo, que evoca sueños y fugas imposibles.

Casi todo el mundo se desplaza a pie, algunos van en bicicleta. Cuando la gente se desplaza en grupo usa carros arrastrados por caballos. Las mujeres pasan muchas horas en el lavadero público, donde hablan de todo y de todos, se hacen confidencias. Muchos de los hombres trabajan en las pequeñas fábricas de la zona y pasan casi todo el tiempo libre jugando a las cartas o sentados en la puerta de casa charlando con quien pasa. Poquísimos viajan fuera de Oświęcim, ninguno de mis conocidos cruza jamás las fronteras de Polonia. Los niños se inventan toda clase de juegos. La naturaleza viene en nuestra ayuda: nos subimos a los árboles, miramos los arroyos, corremos por los prados, perseguimos liebres y faisanes. Nuestro juego preferido es deslizarnos con sacos por las laderas de las colinas, sobre la hierba en verano y sobre la nieve en invierno, o bien jugar a crear formas con una goma que nos pasamos de mano en mano; cuando no tenemos nada, simplemente nos divertimos persiguiéndonos.

Los viernes por la noche vamos a la iglesia para rezar todos juntos. En Oświęcim hay dos: una en la plaza principal, y otra, un poco más apartada, de una comunidad salesiana. El sábado sacamos brillo a los zapatos para la misa del domingo, en la que participa todo el pueblo: las mujeres sentadas en los bancos y la mayoría de los hombres desde la plaza de enfrente. Mamá

Bronisława procura vestirme lo mejor que puede. Cuando viene el obispo y me eligen a mí y a otra niña para darle la bienvenida en la escalinata de la iglesia ofreciéndole un ramo de flores, mamá Bronisława me mira con orgullo. Soy su pequeña princesa.

Son días de gran solidaridad. La riqueza no abunda, las consecuencias de la guerra perduran, pero todos comparten lo poco que tienen: harina, azúcar, huevos.

148   He leído recientemente una frase de Emily Dickinson que describe mejor que ninguna el encanto de aquella época: «¿Sabríais decirme cómo se crece, o bien, como la melodía y la magia, no se puede contar?». Pues bien, creo que tiene razón: los años de mi infancia en Oświęcim son mágicos, no se pueden contar.

Puesto que mis padres adoptivos son muy religiosos, por las mañanas, cuando nos sentamos a desayunar, rezamos todos juntos, mientras que por las noches lo hacemos de rodillas delante de una imagen de la Virgen.

Crezco en la fe católica, como ellos desean, consciente de que ese credo es el mismo que profesan mis verdaderos padres. Nunca he interpretado el catolicismo como la pertenencia a una comunidad aislada o superior a las demás. Para mí siempre ha sido una oportunidad para aprender lo contrario de lo que era la ideología del campo; una oportunidad para compartir, amar a los últimos y practicar el Evangelio de las bienaventuranzas, según el cual todos somos iguales a ojos de Dios. Esta sigue siendo mi fe y quiero dejar testimonio contando los derroteros que toma su contrario: el horror nazi y su furia homicida.

Entre los muchos niños con los que juego hay una niña a la que le tengo cariño y con la que he congeniado. Se llama Lusia y es judía, pero nadie sabe mucho más sobre sus orígenes. Estuvo conmigo en el campo, nos conocemos de Birkenau. La recuerdo balanceándose de atrás hacia delante sobre las tablas, resistiendo como yo. A ella también la ha adoptado una familia que vive cerca. Pasamos juntas muchas tardes, tenemos la misma edad. Un día, después del colegio, bajo al patio creyendo que, como siempre, la encontraré allí. En efecto, la veo, pero no está sola. Se sienta en el regazo de una mujer joven que nunca he visto. La mujer le acaricia el pelo y Lusia le sonríe un poco avergonzada. Me quedo de piedra durante un buen rato. No logro apartar la vista de la escena.

Comprendo que la mujer es la madre biológica de Lusia, que la ha buscado y la ha encontrado. Quién sabe de qué país lejano regresa. Sin embargo, lo ha logrado; ha cruzado las fronteras, ha superado los obstáculos y las dificultades y ha encontrado a su hija.

El abrazo entre ellas abre un paso en mi interior que no logro descifrar del todo. Me echo a llorar sin saber exactamente por qué. De golpe me pregunto a media voz: «¿Y mi madre? ¿Por qué no ha venido a buscarme?».

Le pido explicaciones a mamá Bronisława: «¿Por qué mi madre, Anna, no viene a buscarme?». Y le digo palabras crueles, las palabras de una niña herida: «Eres muy fea. Mi verdadera madre era guapa y tenía el pelo largo. Sois muy diferentes».

Mamá Bronisława llora. Me responde que soy una niña mala, una ingrata. Y me dice que me resigne. «¡Por desgracia, tu madre ya no está!».

Para ser sincera, no es verdad que soy una ingrata, pero la separación de mi madre no es una herida que cicatrice fácilmente. Ella sigue viva dentro de mí. Y eso no es todo. Por más que me digan que está muerta, yo estoy convencida de lo contrario. No vi su cadáver antes de irme del campo. Había un montón de cuerpos amontonados delante del barracón de los niños, pero no recuerdo haberla visto entre ellos. A pesar de que lo cierto es que era imposible reconocer todos los rostros en aquella horrible maraña, en mi mente sigue viva la sensación de que logró sobrevivir, de que los alemanes se la llevaron de Birkenau en su huida y me dijeron que había muerto porque no sabían qué decirme, que está

151

viva. Pero no logro explicarme por qué no viene a buscarme.

Con el paso del tiempo, de mamá Anna se habla cada vez menos; pequeñas señales hacen que intuya que el hecho de que haya muerto es más un deseo de mamá Bronisława que una verdad demostrada. Al mismo tiempo, comprendo que, si está viva, soy yo la que tiene que hacer algo para encontrarla. Pero no es fácil.

De vez en cuando, en casa se enciende la radio; un día escucho un programa en el que se transmiten los llamamientos de algunas familias que buscan a sus seres queridos después del Holocausto. Creen que siguen con vida en alguna parte del mundo y quieren encontrarlos. Me pregunto si un día oiré la voz de mamá. Por eso cada vez pongo la radio más a menudo, con la esperanza de que ese imprevisto tan esperado se convierta en realidad.

Un día llaman a la puerta. Mamá Bronisława va a abrir. Es una vecina que se pone a hablar en voz baja. Trato de acercarme sin que se den cuenta. Capto algunas palabras que me cortan la respiración: «Me ha parecido que alguien —dice la vecina— está buscando a tu Lidia». Mamá Bronisława no responde, pero le hace una señal para que se calle, no diga nada, y se la quita de en medio.

Ahora conozco la verdad. Alguien me busca. No estoy segura de que sea mi madre, pero en cualquier caso hay alguien que pregunta por mí. Sin embargo, la vida sigue igual que antes. Hoy en día, si pienso en aquella época, no le reprocho nada a mamá Bronisława, de alguna manera la justifico: tiene miedo de perderme. Pero por aquel entonces solo pensaba en cómo podía reunirme con quien me estaba buscando. «Tengo que estar alerta, tener las orejas abiertas porque tarde o temprano vendrán a buscarme», pienso. En casa mantengo la actitud de respeto y sumisión que siempre me ha caracterizado. Solo de vez en cuando suelto algún comentario venenoso, que suelo dirigir a mamá Bronisława: «Qué fea eres, mi madre era guapísima».

153

Transcurren los meses y los años. Me convierto en una adolescente. Ayudo en casa, echo una mano con la limpieza. A esas alturas hablo polaco fluidamente, me siento polaca. De mi madre nunca he tenido noticias. A veces me convenzo de que en aquel programa de radio no hablaban de mí; quizá buscaban a otra niña y la vecina se equivocó. Un día entro en la habitación de mamá Bronisława para limpiar y en un cajón abierto vislumbro un sobre entre la ropa blanca. Lo cojo sin pensarlo dos veces. Está abierto y lleva el membrete de la Cruz Roja Internacional. Dentro hay un folio con el mismo membrete. Son unas pocas líneas, pero me hielan el corazón: preguntan si en la casa hay una niña que se llama Ljudmila Boczarow. Ljudmila, mi nombre ruso; Boczarow, el apellido de mis padres biológicos. En la carta no pone que mis padres, Anna y Aleksander, estén vivos. No pone nada más. No se entiende quién me está buscando, pero alguien lo hace y eso me basta. Vuelvo a meter rápidamente el folio en el sobre y lo dejo en su sitio. Salgo de la habitación y cuando mamá Bronisława vuelve no le digo qué he descubierto. Decido guardármelo para mí. Tengo miedo de que se enfade, no me apetece discutir. Me basta con saber que alguien me busca, me basta con tener la esperanza de que quizá mi madre, Anna, esté viva. Por las noches, en la cama, cierro los ojos pensando en ella y sueño con el día en que la abrazaré de nuevo. Ocurrirá tarde o temprano. Solo tengo catorce años y a pesar de las experiencias vividas solo tengo fuerzas para soñar, y no me olvido que le debo respeto y agradecimiento a mamá Bronisława, que me ha dado un hogar al salir del campo. En esta casa estoy a gusto. A estas alturas Oświęcim es mi familia. Si me marchara no sabría adónde ir. En Bielorrusia vivíamos en los bosques. Además, si mi madre ha sobrevivido, ¿dónde está?

En el colegio me explican que ahora Bielorrusia forma parte de la Unión Soviética, que está guiada por Stalin. El telón de acero, que divide la Europa Occidental de la Europa Oriental, no

155

se puede cruzar. Nadie que viva en la parte rusa puede ir al otro lado, a no ser que lo haga clandestinamente. Las comunicaciones están prohibidas. Entre los países bajo el dominio ruso también se cuenta Polonia, que al final de la guerra ha pasado en pocos años del dominio nazi al comunista. Los países que se han quedado al otro lado del telón no son libres, nosotros no somos libres. Si mi madre está viva, pienso, en estas condiciones le resultará imposible encontrarme. Quizá por eso la Cruz Roja ha tomado la iniciativa, tal vez por eso la persona que me busca ha recurrido a la ayuda de un imparcial organismo internacional. Empiezo a entender en qué mundo me encuentro: el entorno político en la que vivo se me presenta ahora de forma más clara y definida.

En un momento dado, son mis compañeros de colegio quienes se ponen a ayudarme. Ya no soy una niña y a ellos les sorprende que no busque a mi madre. Saben que soy Lidia la del campo, conocen mi historia y saben muy bien que mamá Bronisława no es mi madre biológica. «¿Por qué no haces algo?», me preguntan. Y para animarme me dan unas cuantas direcciones de oficinas de búsqueda ubicadas en varias ciudades de Polonia, lugares a los que se puede acudir, dejar el nombre y esperar a ver si en las oficinas de otras zonas del país, o incluso en otros países, alguien te está buscando. Decido actuar a escondidas de mamá Bronisława; no quiero asustarla ni que piense que quiero marcharme, entre otras cosas porque no tengo la intención de hacerlo. Solo deseo saber qué le pasó a mi madre, nada más. Y si está viva, quiero volver a abrazarla.

157

En la oficina de búsquedas de Cracovia, la ciudad más grande próxima a Oświęcim, me sugieren que pruebe a escribir a la Cruz Roja Internacional, cuya sede está en Hamburgo. De nuevo la Cruz Roja. Podría ir por buen camino. Por si quieren ponerse en contacto conmigo dejo como mi dirección la de la oficina de búsquedas. Transcurren unos meses e, inesperadamente, recibo la primera respuesta telegráfica: me dicen que pondrán en marcha mi caso. Soy feliz. Hay alguien en Alemania que se esforzará por ayudar a una desconocida, una chica bielorrusa abandonada en Polonia.

Durante años he vivido con la sospecha de que mi madre no ha muerto y ahora tengo una posibilidad de comprobarlo.

Pero mamá Bronisława no es una ingenua. Sabe leer en los recovecos de mi pensamiento, intuir cosas que creo que no sabe; enseguida comprende que estoy haciendo algo; no le resulta difícil comprobarlo. Un día me encara y me dice:

—Sé lo que estás haciendo.

—¿Cómo puedes saberlo? —le respondo.

—Lo sé y punto —replica; luego me pregunta—: ¿Significa que quieres dejarme?

—No —respondo—. Significa que quiero saber la verdad.

Nos quedamos calladas, no sabemos qué más decir.

—¿Por qué no me lo dijiste antes? —dice ella rompiendo aquel silencio—. Si lo hubiera sabido, habría podido contarte muchas cosas y todo habría sido más fácil, sobre todo ahora que sé que no quieres dejarme.

Nos abrazamos y me siento aliviada: me ha descubierto y ha aceptado mi forma de actuar. No le he mentido. Deseo de corazón abrazar a mi madre, o al menos saber qué ha sido de ella, pero al mismo tiempo no quiero dejar Polonia, no quiero abandonar Oświęcim, la tierra donde, a pesar del campo, he echado raíces. Creo que mamá Bronisława me ha ocultado lo que sabía sobre mi madre —las noticias de la radio, la carta en el cajón de la ropa interior— solo por miedo a perderme, no porque no quiera conocer la verdad. Durante muchos años ha vivido con el miedo a quedarse de nuevo sola.

Ahora es ella quien me ayuda con la Cruz Roja; se ha puesto de mi lado. Me acompaña cuando me piden que me haga fotografías de la cabeza, de una oreja, que mande muestras de sangre. En Hamburgo quieren hacer bien las cosas, no quieren cometer errores.

159

Pasan unos meses y empiezo a perder la esperanza, pues la espera es demasiado larga. Sin
embargo, justo cuando lo creía todo perdido, llega una carta de Hamburgo. En primer lugar, la
Cruz Roja me comunica que no hay señales de
vida de mi hermano Michał; su rastro desaparece en Birkenau. Acto seguido, las siguientes
palabras me dejan sin respiración: «Las cosas no
son como usted piensa, su madre no ha muerto. Vive en la Unión Soviética. Hace años que la
busca desesperadamente y que para identificarla
deja, allá donde puede, el número que le tatuaron a usted en el brazo».

En definitiva, las cosas sucedieron de la manera siguiente: han encontrado en los archivos
especiales la información relativa al traslado de
mi madre del campo de Auschwitz al de Bergen-
Belsen y su sucesiva liberación; la han buscado a
través de la Cruz Roja y en Rusia han dado con
ella.

No sé qué decir. Tengo sentimientos contra-
puestos. A pesar de lo que he leído en la carta,

no puedo dejar de preguntarme por qué, si realmente está viva, no ha hecho todo lo posible para buscarme. Quizá no me necesite. Quizá no me quiera como yo la quiero a ella.

6

*V*ivir en Polonia después de la liberación no es fácil, pero tampoco es sencillo en los países limítrofes, entre ellos la Unión Soviética. De todos modos, solo tomaré conciencia de ello cuando me convierta en una adulta.

El gran horror de la guerra no termina en 1945. Por desgracia, continúa. La derrota alemana no abre paso a escenarios paradisiacos, sino, al menos para una parte de Europa, a horizontes que todavía evocan oscuridad y sufrimiento. Este ambiente es especialmente así en el centro de Europa y en la Unión Soviética. El Ejército

Rojo ha liberado los campos alemanes, pero al mismo tiempo ha obligado a muchos polacos a repatriarse, negándoles la posibilidad de desplazarse, de viajar. Quienes se rebelan al nuevo régimen son deportados a otros campos de concentración: los gulags soviéticos. En ellos también reinan la muerte y la desesperación. Una capa de opresión forma parte de la cotidianidad. Los regímenes comunistas de los países que rodean la Unión Soviética le deben respeto y obediencia. Tras la sombra de Hitler, sobre esta Europa se cierne la de Stalin, la de Moscú. Polonia, Checoslovaquia, Hungría, Rumanía y Bulgaria están atrapadas en una nueva pesadilla.

Los pisos más grandes de Moscú, de San Petersburgo y de otras ciudades soviéticas se transforman en viviendas comunes. Una vez más, como en Oświęcim antes de la construcción del campo de Birkenau, se expropian muchas casas; pero en la Unión Soviética, sin embargo, no se destruyen, sino que se reutilizan. Las llaman *kommunalka*, pisos concebidos para aumentar

la capacidad de alojamiento. A los antiguos dueños se les asigna una sola habitación para toda
la familia y para sus enseres; todo lo demás pasa
a manos de extraños. El baño y la cocina son
compartidos. La ideología soviética cambia la
vida cotidiana de toda una generación. Pobreza
y miseria se convierten día tras día en la vida de
muchos.

El régimen aborrece cualquier manifestación
de lujo. No se permite bienestar alguno. El inci-
piente *boom* económico de Europa Occidental, al
otro lado del telón, se ve como el mal absoluto.
En realidad, a la gente le gustaría subir de cate-
goría social, alcanzar un nivel de vida superior,
pero la capa del régimen bloquea toda iniciativa. No hay sitio para los sueños en esta parte
del mundo. Los alimentos suelen escasear. Para
quienes vivieron las restricciones de los campos
de exterminio, la vida en la Unión Soviética y en
sus países satélite parece otra ironía del destino, aunque es obvio que nada se puede comparar
con los campos alemanes.

Cuando mi madre vuelve a la Unión Soviética, está al límite de sus fuerzas. Mide 1,74 y apenas pesa treinta y siete kilos. No obstante, después de unas semanas de cuidados médicos intensivos, decide partir hacia Oświęcim con la esperanza de encontrarme. Sin embargo, el Ejército Rojo le informa de que a los niños de Birkenau los desplazaron hasta orfanatos de la Unión Soviética. En nuestro país, mi madre encontró milagrosamente a mi padre. En efecto, como muchas parejas, habían acordado que si sobrevivían se encontrarían en Minsk, bajo un monumento, a cierta hora. Y así fue. Juntos, se ponen a buscarme por todos los orfanatos del país.

No obstante, la búsqueda cae en saco roto; desmoralizados, deciden trasladarse a Donetsk, donde se refugian en casa de mis abuelos paternos. Sin embargo, las calamidades no acaban aquí. El régimen soviético sospecha que mi madre puede ser una espía nazi, pues consideran imposible que haya sobrevivido al campo. Ella no cede; niega las acusaciones y sigue buscándome. Escribe cartas a la Cruz Roja y a la Medialuna Roja de Moscú pidiendo noticias sobre mí. La única seña de identidad que posee es el número que me tatuaron en el campo: 70072. Sea como sea, durante años no recibe noticias.

El primer telegrama que recibo de mi madre me llega cuando ya soy mayor edad. Me pregunta dónde estoy y quién me ha cuidado. Es un telegrama de pocas palabras que me deja helada. Me esperaba una larga carta, explicaciones. Pero nada de nada, solo dos preguntas.

A pesar de que las respuestas son simples, en un primer momento no sé qué decir exactamente. No estoy segura de que al otro lado se halle la misma madre con la que viví en Bielorrusia y que me protegió en el campo de Birkenau. Me pregunto si realmente me buscó con tanta determinación. Al fin y al cabo, cuando yo la busqué, la encontré; logré movilizar a la Cruz Roja hasta que tuve noticias de ella. Mi madre, en cambio, ¿qué hizo? ¿Por qué nunca volvió a Polonia? ¿Por qué no removió cielo y tierra hasta averiguar qué había sido de mí? ¿Por qué todos estos años de silencio?

Las dudas me corroen y siento cierto rencor. Mamá Bronisława me ha criado, me ha querido. ¿Por qué, más allá de la dificultad que suponía desplazarse y cruzar fronteras, mi madre no trató de volver ni siquiera una vez a Birkenau? Sin duda, supo que el campo había sido liberado y que muchos de los prisioneros habían sobrevivido. Entonces, ¿por qué no hizo nada?, ¿qué le impidió actuar?

167

Mis amigos de Oświęcim me invitan a ver el lado positivo: «Has encontrado a tu madre. Alégrate de eso». Y tratan de levantarme la moral.

Pero yo estoy hecha polvo. Me siento traicionada. En Birkenau, mi madre luchó por mi vida, pero acabada la guerra permaneció lejos de mí. ¿Por qué? ¿Puede una madre olvidar a su hija?

Mamá Bronisława tampoco está completamente tranquila. Sus preocupaciones no tienen mucho que ver con mi madre, sino conmigo. Sabe que la amenaza de la que ha tratado de alejarme durante años ahora se ha vuelto real: mi madre biológica podría llevárseme. Por otra parte, estaría en su derecho. Solo hay una cosa que impediría legalmente que tal cosa sucediera: que yo me casara con un ciudadano polaco antes de poner los pies en la Unión Soviética.

Arthur Maksymowicz tiene mi edad. Es un vecino. Su madre es amiga de la mía. Ambas mujeres deciden que Arthur es perfecto para ayudarme a estudiar matemáticas, asignatura que me da ciertos problemas. Él saca muy buenas notas y puede darme clases particulares. Es un chico amable y resulta agradable pasar tiempo con él. Intuyo que le gusto, pero al principio no me imagino que quiera ser mi novio ni que nuestras respectivas madres estén maniobrando para ello. Cuando me doy cuenta, no reacciono y acepto que las cosas salgan como ellos quieren.

¿Qué más podría hacer? En Oświęcim, como en toda Polonia, los matrimonios concertados son comunes. Es una práctica que muchos aceptan. Y yo también lo hago.

Nos casamos al poco. Hay que darse prisa. Mi madre biológica está cada vez más cerca. A pesar de que al este del telón de acero los desplazamientos son complicados, parece inminente que nos encontremos. Y ella podría exigir que yo dejara Polonia. De las semanas de noviazgo recuerdo muy poco. Más allá de las horas transcurridas en torno a los libros, no veo mucho a Arthur. No recuerdo una caricia, un beso o una conversación que me desvele los sentimientos del hombre con quien estoy a punto de casarme. Me duele decirlo, pero no estoy enamorada. Sin embargo, Arthur es el hombre con quien pasaré el resto de mi vida. ¿Cómo es posible que vaya al altar sin miedo, sin rebelarme? Apelo a mi fuerza de voluntad. Es difícil explicarlo, pero en aquella época una chica como yo, rescatada de Birkenau, no puede rebelarse, no puede pedir, exigir, pretender; solo puede obedecer. Y yo obedezco, a pesar de que soy perfectamente consciente de que Arthur no puede darme la felicidad. Podría ser un buen marido —y, en efecto,

169

lo será—, pero el camino de mi felicidad y de mi realización no pasará por mi matrimonio. Lo mío no fue resignación, fue realismo. Es a partir de aquel momento cuando me convierto en Lidia Maksymowicz.

Tengo veintiún años cuando, en diciembre de 1961, el día de San Esteban, se celebra la boda. Hace frío, una jornada como las muchas que viví en el campo cuando era pequeña. La nieve se acumula en las calles. Me siento patosa, desmañada con el vestido blanco. Sin embargo, todo el mundo me dice que estoy guapísima; y sí, lo estoy, o al menos eso creo. Me parezco a mi madre Anna. Mamá Bronisława está radiante. Ryszard, mi padre adoptivo, me acompaña al altar vestido con el único traje elegante que posee. Pronuncio ante el cura el sí que me une a Arthur para toda la vida. Soy Lidia la del campo. He cruzado el infierno. ¿Qué miedo podría tenerle a una boda concertada?

Los primeros meses pasan rápidos y, en resumidas cuentas, felices. Vamos a vivir a un piso nuestro, cerca de la casa de mis padres adoptivos. Llega la primavera y, en abril de 1961, la Cruz Roja me comunica que la reunión con mi madre, en Moscú, es inminente. Los soviéticos han empezado a definir nuestro encuentro como «histórico». Los periódicos, la radio y la televisión hablan de mí. El régimen aprovecha la ocasión para mostrar que la Unión Soviética se preocupa por sus hijos extraviados, así los llaman.

Aquí, en Polonia, también corre la voz de un encuentro inminente. De repente me veo sumida en una inimaginable vorágine mediática. Es como si en estos dos grandes países, Polonia y la Unión Soviética, no se hablara de otra cosa.

Me preparo para un encuentro lleno de incógnitas. Aunque la Cruz Roja sostiene que mi madre me busca desde hace tiempo, desconfío. Además de las dudas que me plantea el silencio de todos estos años, temo por el cariz que mi vida podría tomar de ahora en adelante, aunque también es verdad que después de la boda a la que mi madre adoptiva me ha empujado, y que

171

yo he aceptado sin rechistar, nadie puede rete-
nerme en la Unión Soviética. Probablemente, en
mi subconsciente tomo la decisión de casarme
porque siento que Polonia es mi casa. Además,
me pregunto: ¿qué haría yo en Donetsk?, ¿qué
clase de vida podría empezar en la fría y lejana
Unión Soviética?

El tiempo pasa deprisa. Llego a Moscú en tren
junto con mis padres adoptivos, que también están
nerviosos. El viaje ha sido larguísimo y lo hemos
hecho en silencio porque no sabemos qué decir.

El corazón me late muy deprisa. Mi mente se
acuerda muy bien de los ojos de mi madre, pero
¿cómo será ahora su cara? En Birkenau yo era
una niña; ahora, en Moscú, soy una mujer. Llego
con mis padres adoptivos, con mi marido y con
una alianza en el dedo que dice que soy polaca y
que tengo la intención de quedarme en Polonia.

El tren resopla al entrar en la estación de
Moscú. Me imagino un encuentro íntimo, con
pocas personas, con tiempo y espacio para nosotras. Sin embargo, cuando las puertas del va-

gón se abren, en el andén sucede algo que nunca habría imaginado: decenas de *flashes* se iluminan para mí. Soy Lidia la del campo, la Luda de mamá Anna; parece como si toda la Unión Soviética quisiera ver cómo soy ahora e inmortalizar el abrazo que mi madre me dará.

El andén rebosa de gente. No conozco a nadie. El régimen quiere hacer de hoy un día histórico: no solo la Unión Soviética, sino todo Occidente debe asistir a su magnanimidad. Un Gobierno considerado despótico y totalitario que quiere a sus hijos y desea que sean felices, que desea que sus lágrimas se conviertan en sonrisas y el llanto se transforme en alegría.

Mi madre no resiste la tensión. Es como si estuviera convencida de que del tren bajará la Luda que dejó años atrás en el campo, la pequeña que creía que había perdido para siempre, la niña —dirán los historiadores— que más tiempo pasó en Birkenau. Así que se desmaya antes de que nos encontremos. Los sanitarios acuden a socorrerla. Bajo los primeros peldaños y vis-

lumbro a una mujer tumbada en una camilla.
A mi encuentro acude solo mi padre. Llora, se
conmueve. Las personas que nos rodean visten
abrigos gruesos y llevan bufandas alrededor del
cuello; las mujeres se cubren la cabeza con ellas.
Hace sol, pero a la primavera moscovita le cuesta
abrirse paso.

Los fotógrafos no cesan de sacar instantáneas,
varios periodistas tratan de sonsacarme declara-
ciones; todavía hablo ruso, pero no me resulta
fácil decir frases con sentido. Mis padres adoptivos y los representantes del Gobierno tratan
de protegerme y me sacan de allí como pueden.
La desilusión de los medios de comunicación es
enorme. No han podido inmortalizar el abrazo
en el andén de la estación.

Llevan a mi madre a un hotel del centro donde también me conducen a mí. Allí, por fin, en
una habitación, nuestros ojos se encuentran al
cabo de tantos años. Mi madre llora mientras se
acerca, me coge la cara y cierra los ojos; yo, en
cambio, los tengo abiertos y soy incapaz de pro-

nunciar una palabra. «Luda, Luda… —dice—. Ha pasado mucho tiempo…». Esperaba volver a ver a su niña y se ha encontrado con una mujer. Sigo siendo yo, pero he cambiado mucho.

No tenemos ocasión de hablar. Hacen entrar a los periodistas que nos han seguido al hotel a la sala de actos, donde también se encuentran presentes las más altas autoridades de la Unión Soviética en busca de su parte de gloria. Quieren salir en la foto. Las horas pasan frenéticas. Después del abrazo me obligan a acudir al Kremlin. Miro a mi madre y comprendo que no es el momento oportuno para hablar. Mamá Bronisława nos sigue como una sombra. Su presencia es un mensaje directo para todos: todavía soy suya. Las autoridades soviéticas deciden mostrarme los lugares más hermosos de la Unión Soviética, la que debería ser mi patria si no me hubieran deportado a Polonia. Su intención es que me quede, pero no saben que la boda concertada por mamá Bronisława es un obstáculo importante en su camino.

175

En los días siguientes, no es posible quedarme a solas con mi madre. De Moscú me llevan a Leningrado; luego, en avión, a Crimea y al Cáucaso, siempre acompañada por un grupo de periodistas. Los principales periódicos del país me dedican sus titulares; hablan de mí en la radio y en la televisión. Soy noticia.

Las autoridades han dispuesto mi futuro a mis espaldas: me piden que me quede en su país y me matricule en la universidad, que elija donde quiero estudiar y vivir; ellos lo harán realidad, dicen; no hay obstáculos ni problemas económicos porque correrán con todos los gastos. Mi madre me sigue de cerca, esperando el momento propicio para hablar. Yo hago tiempo, no respondo a los ofrecimientos de las autoridades, soy evasiva.

Al cabo de unos días, por fin me conducen en tren a casa de mi madre. Allí también tienen lugar grandes celebraciones. La ciudad entera se echa a la calle, todo el mundo quiere verme. En la estación me reciben con la banda y con pancartas de bienvenida. En casa conozco al resto de la familia: descubro que tengo dos hermanas que son gemelas y que nacieron en 1947. Querían que una de ellas se llamara Ljudmila, pero mi madre se opuso con todas sus fuerzas. Sentía que yo estaba viva y no iba a permitir que una de sus hijas se llamara como yo.

En su casa, finalmente hablamos. No reprimo nada de lo que llevo dentro. Le digo que estoy un poco enfadada con ella, le pregunto por qué nunca me buscó, cómo era posible que en todos esos años no se le ocurriera venir a buscarme a Polonia. Me había dejado allí, ¿cómo no se le pasó por la cabeza que si seguía con vida sería allí donde podía encontrarme?

Mi madre llora y me sonríe con ojos dulces. Me pide que la deje explicarse. Me cuenta que en la Unión Soviética le aseguraron desde el primer día que los niños bielorrusos y rusos que se habían salvado de los campos de Alemania y Polonia habían sido trasladados a orfanatos de la propia Unión Soviética. Le hicieron creer que si estaba viva era allí donde debía buscarme. El

Ejército Rojo le contó que cuando había liberado los campos repatrió a todos los connacionales, así que si estaba viva habría vuelto al país. Me cuenta que me buscó por todo el país pidiendo información a cualquiera; que, en los límites de sus posibilidades, viajó para llamar a la puerta de cada orfanato; que ha difundido por todas partes el número de mi tatuaje, sobre todo en los lugares donde habían confluido los deportados, pero que no encontró rastro alguno de mí. Había desaparecido y ya no sabía qué hacer. Las autoridades no le permitieron ir a Polonia; de lo contrario, habría ido a pesar de todo, siempre con la esperanza de que seguía con vida, pero que algo me impedía volver a la Unión Soviética.

Añade que ha pensado en mí todos los días, sin excepción. El día de mi cumpleaños preparaba un pastel, descorchaba una botella de champán y lo celebraba con los ojos llenos de lágrimas. Cuando las gemelas le preguntaban: «¿Qué celebras, mamá?», ella respondía: «El cumpleaños de vuestra hermana. Estoy segura de que un día la conoceréis». Al principio, las gemelas se miraban entre sí y no lo entendían, pero a medida que crecieron fueron comprendieron; al final, creyeron que mi rastro se había perdido para siempre.

Mi madre me repite que estaba convencida de que yo estaba viva, que no ha dejado de pensarlo durante todos estos años.

La escucho. Y la creo. Mi corazón la cree. Miro a mis hermanas y me doy cuenta de que no tengo ningún vínculo con ellas. Han crecido sin mí, son parte de mi familia, pero es como si pertenecieran a otra. Noto que a medida que transcurren las horas se impacientan. Mi madre solo me presta atención a mí, y ellas tienen miedo de que las desatienda. Para mí tampoco es fácil relacionarme con ellas. Están un poco celosas de mí, y quizá yo también lo esté de ellas.

Me quedo unas cuantas semanas en Rusia. Tras ese primer encuentro con mi madre, nos vemos otras veces. Le cuento qué es de mí, le hablo de mis padres adoptivos, de mi vida en Oświęcim tras la liberación del campo.

Día tras día se acerca la hora de la verdad. Mi madre está convencida de que me quedaré en la Unión Soviética. No contempla otra posibilidad. Se lo dice directamente a mi madre adoptiva: «Yo no abandoné a Luda en el umbral de tu puerta, no te pedí que te hicieras cargo de ella. Ha sido culpa de la guerra». Mamá Bronisława le responde: «¿Y qué se supone que debería haber hecho yo? ¿Debería haberla abandonado en aquel barracón para que se muriera de frío y de hambre? Habría acabado en un orfanato, ¡quién sabe dónde habría ido a parar! En cambio, la cuidé, la salvé. Si hoy está aquí, en parte es gracias a mí».

180

Salí del campo de Birkenau hecha un esqueleto, muy enferma. Sufría de mil trastornos: tenía tuberculosis y estaba anémica; tenía el cuerpo lleno de pústulas; era una niña insegura, inquieta y completamente indefensa. Los objetos de uso cotidiano eran para mí una novedad, algo insólito. Mirara donde mirara temía que de repente aparecieran ratas y perros, y temía que el doctor Mengele viniera a buscarme de un momento a otro. Mamá Bronisława me sacó de la nada, me protegió y me cuidó.

¿Cómo iba a negarlo?

¿Cómo no iba a agradecérselo?

Durante el viaje a la Unión Soviética hago examen de conciencia y reconozco la verdad: no puedo renegar de mi madre, de su premura para mantenerme con vida en Birkenau, de su amor cuando se privaba de la comida para dármela a mí, de su preocupación por que nunca olvidara quién era yo y para que no la olvidara a ella. Pero las madres que han formado parte de mi vida son dos, dos madres a las que mi corazón quiere de la misma manera y con exacta intensidad.

Tengo que ser sincera: a estas alturas no lograría vivir sin mamá Bronisława, sin los prados de Oświęcim, sin sus habitantes y sin mis amigos. Al mismo tiempo, separarme del todo de mi verdadera madre, ahora que la he encontra-

181

do, me resulta imposible. No puedo decirle: «Lo siento, pero me voy, ahora ya no eres mi madre». No puedo ni quiero decírselo.

Entre tanto, ya de noche, vuelvo al hotel de Moscú que las autoridades soviéticas me han reservado. Estoy destrozada. Me doy perfecta cuenta de que mi madre me quiere para ella y de que mamá Bronisława no permitirá que eso ocurra. Mis padres, el natural y el adoptivo, saben mantenerse al margen. Me quieren, por supuesto, pero con discreción. Por otra parte, siempre ha sido así. A pesar de haber sido silenciosa y prudente, la presencia de ambos ha sido importante para mí.

Los periodistas, y con ellos todo el país, me observan y creo que en parte intuyen mi estado de ánimo. Por primera vez en la vida me pregunto si, a pesar de ser la chica dura que tras pasar por Birkenau no le teme a nada ni a nadie, capitularé y admitiré que no sé qué hacer. Si por primera vez lloraré y les diré: «Haced lo que queráis, yo no puedo elegir. Escoger entre mamá

Anna y mamá Bronisława es una decisión que me viene grande».

El presente sin pasado es una capa finísima que se resquebraja en un instante y solo deja despojos tras de sí. No puedo volver a Polonia y negar mi pasado; tampoco puedo quedarme en Rusia y menospreciar los años vividos con mi familia adoptiva.

De los pasillos del hotel cuelgan algunas fotos de la guerra. Una retrata a Adolf Hitler en actitud insolente, anunciando quizá que pronto toda Rusia, incluida Leningrado, capitulará. Se equivocó.

Al mirar aquella foto, algo cambia dentro de mí; de repente, sé qué debo hacer.

Comprendo que mostrándome segura no ganaré este reto, que no lo ganaré tratando de ser quien no soy, todo lo contrario: tengo que ceder a mis sentimientos, dejar que me guíen y me digan qué debo hacer.

De golpe comprendo que la niña del campo, a la que le habían negado todo, ha aprendido una sola lección: hay que adaptarse a las circunstancias de la vida. Mis dos madres deben aceptarlo. Eso significa decirles: «No elijo ni a Bronisława ni a Anna, porque las dos sois mi madre. Vuelvo a vivir a Polonia porque estoy casada con un hombre polaco y porque he crecido allí, pero a cambio de que mi madre Anna pueda venir a verme y de que yo pueda volver a Rusia para visitarla».

«No llores porque el enemigo te oirá», me decía mi madre en el campo. Fue una enseñanza que no he dejado de seguir a lo largo de mi vida. Esta capacidad de resistir a las dificultades, de ser como un camaleón que cambia de color según las circunstancias, afloró ya en los primeros días que pasé en la Unión Soviética. Reflexiono y comprendo que puedo adaptarme a esta nueva situación: lograr convivir con dos madres y convencer a ambas de que también es la mejor solución para ellas. Sustenta mi decisión el amor y el afecto que, a pesar de todo, siento por las dos. Tomo la mejor decisión también para ellas.

Bronisława y Anna no tienen palabras. Decido sola. Sin consultárselo a nadie, les comunico mi decisión. Los medios de comunicación quieren saber, me preguntan dónde tengo la intención de vivir, aunque dan por supuesto que me quedaré en la Unión Soviética. «No iré a ninguna parte —respondo—. La niña del campo que ha encontrado a su madre vuelve a Polonia».

Tras la sorpresa inicial, Bronisława y Anna lo entienden, pero mi verdadera madre, por supuesto, está menos contenta. Llora y no sabe qué decir. Cree que es culpa suya; cree que todo sería diferente si me hubiera buscado con más ahínco inmediatamente después de la liberación de Birkenau. Pero, para ser sinceros, ella no vivió la liberación. Poco antes de la llegada del Ejército Rojo fue al encuentro de la muerte con otros judíos deportados. No fue hasta tiempo después cuando le contaron que habían liberado los campos. Aunque tenía el presentimiento de que yo seguía viva, no estaba segura.

Sea como sea, se tranquiliza. Y con una generosidad inusual me dice que lo acepta; que si eso me hace feliz, ella también lo será. Abraza a Bronisława y le da las gracias por lo que hizo y lo que hará. Luego me hace prometer que volveremos a vernos pronto.

El abrazo entre esas dos mujeres se convierte en lo mejor del viaje. También el que nos damos mi madre y yo, por supuesto, pero ver a Anna y a Bronisława compartiendo aquella emoción disipa toda la tensión acumulada en aquellos días.

186

Vuelvo a Oświęcim con mi marido y con mis padres adoptivos. La ciudad me recibe con un sol radiante, estival. En el agua del río ya pululan truchas y peces pequeños; en los prados, entre las prímulas, aparecen las primeras margaritas; la hierba crece rápidamente y algún campesino la siega para ofrecerla a sus animales; en los árboles brotan las primeras hojas y alguna flor; por las noches, los viejos se reúnen en la calle para jugar a las cartas y las mujeres se saludan desde las ventanas. Hay ganas de vivir.

Mi corazón está en paz. Creo que he tomado la decisión adecuada. El Gobierno soviético permitirá que mi madre me visite cuando quiera, y yo podré visitarla a ella. Con nosotras no se aplicarán las restricciones habituales.

El eco de aquellos últimos días pasados en la Unión Soviética llega fuerte y claro a Polonia, donde también me reciben con afecto. Mucha gente se echa a la calle para saludarme: están contentos de que haya decidido quedarme en su país, están orgullosos de la decisión que he tomado. Mamá Bronisława se pone enseguida a arreglar la casa. Sabe que mi madre vendrá pronto y quiere lucirse.

En cualquier caso, sus cartas la preceden; desde que dejé Moscú, me escribe una al día. Lo hará hasta el fin de su vida. Cada mañana encuentro una en el buzón de mi casa, en Polonia. A veces me escribe pocas palabras, por ejemplo: «Luda, cariño mío, te quiero y te echo de menos. Tu madre». Otras se extiende contándome de nuevo por qué no pudo buscarme después del campo. Desea justificarse. Me dice que mi incomprensión le hizo daño, insiste en que no fue culpa suya.

Por estas cartas comprendo que separarse de mí fue para ella una experiencia desgarradora que jamás superará. No se trata únicamente de las cicatrices causadas por la violencia que sufrió en Birkenau, sino que fue sobre todo la interrupción de nuestra relación lo que le provocó una herida que, a pesar de haberme encontrado, no ha cicatrizado. A menudo, en el margen de sus cartas, dibuja florecitas y pequeños corazones en cuyo interior escribe mi nombre. Yo no le respondo cada día, pero sí a menudo. Comprendo que me necesita, que precisa mi amor y sentir que yo también la quiero, que no la olvido y que soy consciente de que los años que pasamos separadas no dependieron de ella, que la culpa fue de esa atroz e injusta guerra y de los criminales nazis que destriparon el corazón de nuestra Europa.

Mamá Bronisława ya no tiene necesidad de ocultarme la correspondencia: las primeras cartas aún llegan a su casa y me las trae personalmente. «Ha vuelto a escribirte tu madre», me dice pasándome su última carta con una sonrisa. Ella también ha demostrado una gran generosidad. Asume que mi corazón pertenezca a las dos, así como acepta las cartas de Anna y sus frecuentes visitas a Polonia.

La primera tiene lugar al poco de que yo regrese a Polonia. Anna llega sola, sin mi padre. Viste con su mejor ropa, quiere quedar bien. Hace casi veinticuatro años que dejó Birkenau. No ha vuelto desde entonces. Viene en tren, a pesar de que hacerlo le cuesta, pues desde la deportación viajar en un vagón le despierta antiguos traumas. Por si fuera poco, viaja en un tren que parte en dirección a Polonia, hacia el campo que marcó su vida para siempre.

Mamá Bronisława la recibe como si fuera una reina. Le habla con dulzura, le sonríe a menudo, le prepara los mejores manjares. A pesar de ello, la hago dormir en mi casa: vivo sola con mi marido y tengo sitio para mi madre. Anna quiere que le cuente cómo crecí, me pregunta a qué jugaba de niña, quiere ver la habitación en la que dormí todos esos años. Por la calle, muchas personas salen a su encuentro para saludarla, le regalan flores. Todo el mundo conoce nuestra historia. Mi madre me pide que le traduzca; solicita a la gente que le cuente cosas sobre mí, quiere saber qué hacía de pequeña, cómo me veían.

190

Es verdad que no se puede volver atrás. Hay heridas que no pueden borrarse. Los meses, los años que vivimos no pueden deshacerse. Sin embargo, en un momento dado, la vida puede ofrecernos la oportunidad de redimirnos. No es inútil, no es únicamente doloroso para mi madre llegar hasta aquí y caminar por donde yo caminé, ver los lugares donde crecí sin ella. Es también, en parte, como recuperar lo que no pudo tener. Es, en parte, como volver atrás y curar las heridas que todavía sangran.

Cierto día me pide que la acompañe a Birkenau. Quiere que entremos solas. Tiene miedo y lo noto, pero sé muy bien que necesita hacerlo. Quiere hacerme de guía, contarme lo que vivió, recordarme lo que ocurrió para que yo me dé cuenta de lo mucho que hizo por mí.

Nos acercamos al campo en una calurosa mañana de sol. Pocos kilómetros lo separan de Oświęcim. Pero mi madre no logra cruzar la verja, no puede entrar. Se encuentra mal, parece a punto de desmayarse. Es una emoción demasiado intensa. Tengo que llamar a un médico, que la ayuda a reponerse.

La segunda vez las cosas van un poco mejor. Mi madre logra sobreponerse a la emoción. Se detiene un instante ante la verja. Necesita respirar profundamente. Para ella, los alemanes y sus perros siguen ahí dentro.

—No era así —dice casi enseguida en voz baja—. ¿Te acuerdas? Hacía un frío intenso, estaba oscuro y el viento azotaba nuestras caras. Estábamos asustadas. Era un frío que hablaba y

191

decía: «Esta es la casa de la muerte». Ahora todo es luminoso, pero no era así.

—Lo sé —respondo.

No añado nada más.

La verja está abierta. La cruzamos, solas ella y yo. No hay nadie alrededor. Bajo la gran torre, a la derecha, hay una puerta abierta. Se vislumbra la escalera que conduce arriba, al puesto de vigía que dominaba los barracones, los andenes y los hornos, al fondo. Anna parece tentada de subir, pero desiste. Los primeros metros sigue las vías caminando lentamente. Mira a su alrededor, se detiene un instante, llora. Apoya la cabeza en mi pecho. Dejo que se desahogue. Luego caminamos hasta donde los vagones se detenían.

—Aquí —me dice— llegamos con los abuelos. Nos hicieron bajar brutalmente. Ancianos, mujeres embarazadas, hombres y niños cayeron unos sobre otros. A los abuelos los separaron inmediatamente, lejos de nosotros. No pude hacer nada para salvarlos. Te llevaba en brazos. Los busqué para tratar de despedirme de ellos, pero no fue posible. Recuerdo mucha resignación. Nadie se atrevió a rebelarse. Obedecían las órdenes en silencio. El frío nos paralizaba, casi impedía pensar. Además, aquí se llegaba tras un viaje en condiciones inhumanas, como el nuestro. A nadie se le pasaba por la cabeza cualquier gesto de rebelión.

Mi madre acaricia las piedras del suelo. La ceniza de los hornos se ha posado sobre él durante meses. Los restos de nuestros seres queridos, de cientos de miles de inocentes llevados al matadero, también forman parte de esta tierra. Esta tierra es carne de nuestra carne.

Nos acercamos al barracón donde mi madre estuvo encerrada.

—Recuerdo la primera vez que me trajeron aquí —me cuenta—. Fue el peor momento porque acababan de separarme de ti. Me resultaba inconcebible estar sin ti. Eras tan pequeña, parecías tan indefensa. Te retuve con fuerza entre mis brazos cuando se te llevaron. ¿Sobrevivirías? No lo sabía. Temía por ti, por tu vida. Por suerte,

193

en el barracón encontré a otras bielorrusas jóvenes y fuertes como yo, por eso nos asignaron el trabajo en el río, a las puertas del campo. Fue mi salvación, porque podía hacerme con alguna cebolla para ti. Cuando iba a tu barracón a llevarte comida y comprobaba que seguías viva, mi corazón estallaba de alegría. El miedo, por supuesto, no desaparecía, pero ver que eras capaz de resistir, que de alguna manera crecías deprisa me era de mucha ayuda.

194 La dejo entrar sola en el barracón. Sale al cabo de unos minutos, llorando. «Está vacío», dice esbozando una sonrisa.

Nos dirigimos hacia la explanada donde estaban ubicados los hornos. Han desaparecido.

—¿Te acuerdas del humo? —pregunta—. Se elevaba a mucha altura, a veces era de color rojo, otras de color negro. El olor a carne quemada era insoportable.

Al lado de los hornos todavía hay, excavada en la tierra, una cámara de gas. Está sin techo; desde arriba puede verse su interior.

—A cuántos gasearon aquí —dice—. Los hacían entrar en tropel, los apretujaban. A veces, camino del río, pasábamos cerca de filas de personas que se encaminaban a la muerte. Eran conscientes de que entrar allí dentro significaba no salir nunca más. Cuando se abrían las duchas, los más afortunados eran los que estaban justo debajo de una, porque morían más rápidamente y sufrían menos. La agonía de los demás era mucho más lenta; morían de pie, los cuerpos sujetándose unos a otros.

Muy cerca de los hornos alguien ha dejado pequeñas piedras. Las rozamos con los dedos, las acariciamos. Son las piedras que algunos deportados que vuelven al campo depositan en memoria de sus seres queridos. Mi madre también deja una en recuerdo de los abuelos y de todos los que no lograron salir.

Luego nos dirigimos a unos barracones lejanos, situados a la izquierda de las vías. Durante la estancia en el campo, mi madre no podía ir a esa zona del campo. Ahora quiere recorrer todos

195

los senderos, entrar a mirar en cada uno de los barracones. En el mío acaricia los dibujos de las paredes, las tablas de madera donde yo dormía con los otros niños. Quiere ver las letrinas, la cocina. Llora mientras me abraza.

Salimos por una puerta que dista unos cien metros de la principal. No puede creer que se pueda salir libremente. Cuando vislumbra la puerta, aprieta el paso, tiene prisa por irse. Es como si la oscuridad volviera a asaltarla, como si temiera que el pasado pudiera regresar. No todos los supervivientes logran volver a los campos, visitar aquellos lugares. Ella sí. No es que sea mejor que los demás, cada uno es como es; Anna lo ha hecho, pero cuando volvemos a casa me mira a los ojos y me dice:

—Nunca más. No quiero volver nunca más.

$\mathcal{L}$o que cuento, mi historia, como la de otros muchos, puede parecer increíble, o bien fruto de una imaginación enferma. Sin embargo, todo es verdad: soy uno de los últimos testigos vivos del horror nazi. A pesar de que cuando entré en Birkenau solo era una niña, recuerdo muchas cosas. Las experiencias vividas se grabaron en mi memoria y me han influido a lo largo de mi existencia: en la infancia, en la adolescencia y ahora en la vejez.

A pesar de todo, a pesar de que al cabo de años logré superarlas, siguen profundamente enraizadas en mí. Me resulta imposible dejar a un lado lo que ocurrió u olvidarlo. Auschwitz y Birkenau no son un símbolo, son una realidad. En la época de los campos eran la mayor fábrica de muerte jamás concebida. Mi tragedia consistió en encontrarme en el epicentro de estos crímenes. Era una niña y no entendía por qué motivo estaba allí y por qué me habían separado de mi madre. Pero enseguida comprendí, diría que instintivamente, cómo había que comportarse para sobrevivir. Lo comprendí porque estaba sumida en una lucha para no sucumbir; teníamos que luchar con todas nuestras fuerzas por una rebanada de pan o por una aguachirle, los únicos alimentos a los que podíamos acceder los niños deportados.

En el campo sucedían cosas terribles. Las industrias farmacéuticas y los científicos alemanes llevaban a cabo experimentos en mujeres y niños, especialmente en los gemelos. De eso se ocupaba el doctor Mengele, el Ángel de la Muerte. Su tarea consistía en crear seres humanos con características excepcionales que servirían a los nazis para poblar Europa tras su conquista. El nombre de Mengele empezó a resonar enseguida en mis oídos y se grabó en mi mente. Sabíamos que ponía inyecciones dolorosas y colirios irritantes en los ojos a los niños porque quería obtener seres humanos con iris azules, el color «ario» según los nazis. También testaba vacunas por encargo de las farmacéuticas alemanas; éramos sus conejillos de indias, y solo con este objetivo nos mantenían vivos en los barracones. Para Mengele solo éramos material para su trabajo.

Muchos de nosotros morían. Los que lográbamos volver al barracón permanecíamos tumbados sobre las tablas de madera durante días, con fiebre alta, como faltos de vida. Tras extraernos sangre, nuestros cuerpos eran casi transparentes, lo cual no le impedía a la *kapo* exponernos cada mañana a la intemperie para hacer el recuento. A veces permanecíamos de pie durante horas. No tenían piedad con nosotros. No nos consideraban personas, sus semejantes, sino solo números.

La muerte era nuestra compañera cotidiana. No reaccionábamos cuando sacaban los cadáveres del barracón. La *kapo* borraba sus nombres de la lista y ordenaba que arrojaran sus cuerpos a un carro que los conducía al crematorio.

Debo la vida a las circunstancias favorables, a la fortuna y a mi resistencia física, pero puedo afirmar que en medio de esta enorme tragedia mi mayor suerte fue tener a mi madre —una mujer joven, valiente y decidida a salvarme— en el campo.

En ocasiones, a mi barracón llegaban mujeres embarazadas; ya lo estaban cuando se las habían llevado de sus países, y a pesar del esfuerzo físico inhumano habían logrado superar el viaje en tren. Cuando llegaban a Birkenau, las obligaban a dar a luz en nuestro barracón; en cuanto el niño nacía, lo mataban con una inyección de fenol o lo ahogaban en un cubo de agua. Recuerdo perfectamente el gesto de las madres acercándose al pecho al recién nacido, su júbilo al abrazar a la

carne de su carne…, pero al poco se lo arranca-
ban de los brazos para matarlo. Los recién nacidos no tenían cabida en el campo; en el campo
no había sitio para una nueva vida. Recuerdo la
mirada desesperada de las madres, su angustia,
su falta de esperanza.

La necesidad de dejar testimonio no surgió
espontáneamente. Durante los últimos años
de mi juventud, todos los días llegan antiguos
deportados a Oświęcim. Se hospedan en la ciudad para armarse de valor y entrar en el campo.
Son mayores que yo y acuden de todo el mundo
para volver al lugar del terror. Entran en el campo de puntillas, lloran. A menudo van acompa-
ñados por un pequeño grupo de personas. Una
vez dentro, algunos sienten espontáneamente
la necesidad de contar qué pasó. Yo soy mucho
más joven que ellos, los observo con respeto, en
silencio. Nadie se fija en mí y comprendo que
ahora les toca hablar a ellos.

201

En el pueblo tenemos una vecina, la señora Piatkowska, que es amiga de mi madre adoptiva. Está casada con el director de una instalación química. Es instruida, una mujer culta. A menudo me lleva a dar largos paseos por la naturaleza, por los alrededores de Oświęcim. Es la primera que me cuenta cómo era el mundo durante la guerra, lo que el horror nazi representó para la humanidad. Durante años no quise saber nada: cuando alguien hablaba de los nazis, me tapaba los oídos y ocultaba el tatuaje. Pero aquella mujer me despertó de mi sopor:

—No te preocupes por las nimiedades —me dijo—. Piensa en grande. Un día llegará tu turno para contar qué ocurrió, prepárate. Este tatuaje dice quién fuiste, qué te hicieron. No tengas miedo de mostrarlo; al contrario, tienes que estar orgullosa. Cuenta que te cruzaste con la muerte y sobreviviste; deja testimonio de la abominación que el nazismo cometió. Os marcaban porque no os consideraban personas, sino animales, números. Deja que lo vean, muéstralo para que todo el mundo lo sepa.

Poco a poco, sus palabras hacen mella en mí. El encuentro con mi madre biológica, tras diecisiete años de separación, es la causa de que mucha gente me busque, se interese por mí, desee conocer mi historia. Así es como empiezo a contar cosas del campo, lo que fue Birkenau y el horror nazi. Recibo las primeras invitaciones de centros culturales, y luego de colegios. En el transcurso de estos primeros encuentros enseño el tatuaje y aprendo a no avergonzarme de él. Mis dos madres envejecen y me dejan pronto, pero siguen estando presentes en las charlas que imparto por todo el mundo. Siempre las acabo, en especial si el público es de jóvenes, con las siguientes palabras:

—El futuro del mundo está en vuestras manos, de vosotros depende cómo será. Vosotros tendréis que impedir que se cometa otra abominación. Dependerá de vosotros. Es verdad que no habéis vivido Auschwitz directamente, pero lo habéis conocido a través de mis palabras y de las de los testigos que me han precedido. Es ver-

203

dad que hoy en día el campo es muy diferente de como era entonces, que en verano la hierba crece alrededor de los barracones, que el cielo suele ser azul y que hay pajaritos volando, pero entonces no había vegetación, y en la tierra, pisoteada por miles y miles de zuecos, no crecía ni una brizna de hierba; tampoco había pajaritos porque el hedor de los hornos, tan intenso que se percibía a varios kilómetros a la redonda, los mantenía alejados.

Por eso he escrito este libro, para contar lo que ocurrió y aportar mi testimonio, para que la historia no se repita nunca más.

Respeto a los supervivientes que no quieren volver a pisar el campo ni hablar de él. Están en su derecho. Cuando se es víctima de una violencia tan extrema, es normal no querer hurgar en la herida. Para mí también fue así en los primeros años, pero luego, con el tiempo, aprendí que el silencio podía hacer que en mi interior durmieran los peores sentimientos que el campo trajo consigo. Hablar de ello, en cambio, significa librarme al menos de alguna de las cargas con las que acarreo y permitir que el amor se expanda. ¿Que a qué amor me refiero? Al amor por la vida, por los seres queridos, por todos los que como yo transitan por el difícil camino de la existencia.

En la tarea de contar mi historia me ha ayudado mi hijo. Sí, tengo un hijo. Nació al cabo de unos años de que me casara. Sabe desde siempre lo que me pasó, porque se lo conté. Creció con dos abuelas, una polaca y una rusa que vivía en Donetsk y nos visitaba en Oświęcim de vez en cuando. Mi hijo conoce mi historia sin vivirla. No vivió el dolor, se libró de él. Juntos enterramos a mis dos madres, que nos dejaron en un intervalo de pocos años y se fueron en paz.

Mamá Bronisława tenía con él una relación especial. Recuerdo que por las noches, al calor de la chimenea, le contaba cosas de mí, de cómo me había encontrado en Birkenau. Era un pajarito

205

asustado. Me vio sentada en un rincón, muerta de frío, callada. Y me eligió. Me llevó a su casa y me enseñó a vivir, pues yo no sabía nada de la vida «normal». Pero también le contaba, y eso me sorprendía, cosas de cuando no me conocía, cosas que a mí no me había dicho. Le contaba que cuando los nazis construyeron Birkenau, ella y otros familiares suyos trataron de acercarse al campo. Al fin y al cabo, el terreno que lindaba con la gran verja de entrada había sido suyo, y de vez en cuando deseaba volver a verlo. No sabían con exactitud qué pasaba allí dentro, pero intuían que era un campo de muerte. A lo lejos veían las largas filas de prisioneros, vestidos con chaquetas de rayas y calzados con zuecos, que se dirigían a trabajar en las obras de un fábrica de productos químicos; luego se daban cuenta de que a su regreso cargaban sobre las espaldas los cuerpos de quienes habían muerto. Cierto día, mamá Bronisława y una amiga suya trataron de acercarse a los deportados para ofrecerles pan. Un SS les ordenó que se marcharan y que nunca más trataran de hacerlo. «La próxima vez —les dijo— vosotras también acabareis dentro».

Ver el interés con que mi hijo escuchaba sus historias, así como su entusiasmo cuando yo intervenía y le contaba cómo encontré a mi madre biológica, me decidió a contar mi historia. También lo hago por él, para que los hombres y las mujeres del futuro sean conscientes de lo que ocurrió. Sin embargo, en mi decisión no solo influyeron mi hijo y la señora Piatkowska. Hubo otras personas que me empujaron a contar mi historia, en especial Karol Wojtyła, el primer papa no italiano de la época moderna. Su primera visita a Polonia como sumo pontífice tuvo lugar en junio de 1979. Un papa procedente de un país del otro lado del telón de acero que vuelve a su tierra, todavía sometida al régimen. El pueblo está eufórico. Recuerdo que en Cracovia y en nuestra ciudad se celebran muchas misas; el pueblo creyente, sintiéndose más seguro, manifiesta su fe. Sin embargo, la expectativa se extiende a toda Polonia, también entre los laicos y los no creyentes. Las autoridades comunistas, especialmente el Gobierno de Moscú, se atrincheran tras el silencio o la indiferencia. En realidad, el Kremlin es perfectamente consciente de la «peligrosidad» de este viaje, por eso en Oświęcim se rumorea que la Unión Soviética ha pedido repetidamente información al régimen comunista polaco acerca de ese hombre al que, por sorpresa, eligieron papa tras solo treinta y tres días de pontificado de Albino Luciani.

Wojtyła ha sido elegido hace pocos meses, y el Kremlin trata de sopesar el cambio que la elección de un papa del este puede dar a las relaciones con el bloque socialista, cómo cambiarían las relaciones internacionales si la *Ostpolitik* vaticana y la apertura de la Santa Sede hacia los regímenes comunistas, con el fin de salvar el mayor número de vidas posible y garantizar cierta libertad a las comunidades católicas, siguen en la misma línea. El principal temor es que Juan Pablo II, que conoce muy bien el régimen comunista y cuenta con el apoyo de la comunidad internacional, abandone la *Ostpolitik* en pos de una actitud mucho más dura.

Sea como sea, toda Polonia siente que las cosas podrían cambiar gracias a su elección. Tras la ocupación nazi y la entrada en el bloque soviético, este hombre podría traer el cambio que la población desea tan ardientemente. El viaje del papa dura nueve días y señala el inicio de un proceso que culminará con la caída del muro de Berlín, en 1989.

Me encuentro entre quienes reciben al papa en Oświęcim. Formo parte de la delegación de los antiguos deportados que pueden dirigirse brevemente a él. Estoy emocionada mientras espero mi turno. Cuando estoy ante él, Juan Pablo II me pone una mano sobre la cabeza y me mira a los ojos largo rato, en silencio. Su mirada me marca profundamente, me traspasa el alma. Wojtyła vivió de cerca la tragedia de los campos. Fue él quien dijo que el crimen del Holocausto es una mancha imborrable de la historia del siglo xx. Fue él quien escribió, ante la inminencia del Jubileo de 2000, *Nosotros recordamos*: *una reflexión sobre la Shoah,* un documento vaticano sobre la responsabilidad de la Iglesia en el Holocausto, en el que no se limita a condenar los campos y el horror nazi, sino en el que pide perdón por las culpas de la Iglesia y exhorta a los creyentes a purificar sus corazones arrepintiéndose de los errores y las traiciones del pasado. El papa nos invita a postrarnos humildemente ante Dios y a examinar nuestra propia responsabilidad en los males de nuestro tiempo.

210   Son palabras que me impresionan. Hacen que me dé cuenta de que las mentes y los corazones de algunos cristianos han albergado prejuicios antisemitas que han sido alimentados, como ha escrito Wojtyła, por una errónea interpretación del Nuevo Testamento. Por desgracia, el antisemitismo de la Europa cristiana facilitó el exterminio ordenado por Hitler. De ahí que la Iglesia pida perdón. Ese coraje hace que me sienta muy cercana a este papa y al papa Francisco.

Este último ha hablado del exterminio perpetrado por los nazis de manera muy parecida.

En el prefacio del libro *La Bibbia dell'Amicizia. Brani della Torah / Pentateuco commentati da ebrei e cristiani* (La Biblia de la amistad. Pasajes de la Torá / Pentateuco comentadas por judíos y cristianos), a cargo de Marco Cassuto Morselli y Giulio Michelini, declara que «es muy consciente de que tenemos detrás de nosotros diecinueve siglos de antijudaísmo cristiano, y que pocos decenios de diálogo son muy poca cosa en comparación. Sin embargo —añade—, en estos últimos tiempos muchas cosas han cambiado y otras están cambiando. Es necesario trabajar con mayor intensidad para pedir perdón y para reparar los daños causados por la incomprensión».

Pero lo que más me impresionó del papa Francisco, más aún que las palabras, es el silencio que mantuvo durante la visita, en 2016, al campo de exterminio de Auschwitz. En 2006, Benedicto XVI se preguntó en ese mismo campo: «¿Dónde estaba Dios en aquellos días? ¿Por qué, señor, callaste? ¿Por qué toleraste todo esto?». Francisco, en cambio, no habló hasta que terminó su visita, que, en el interior del campo, se desarrolló en completo silencio. Cruzó la puerta solo, a pie, con la cabeza gacha; luego se subió a un vehículo eléctrico para visitar las diferentes árcas de aquella enorme estructura. Una vez dentro se sentó, solo y sin romper su silencio, en un banco frente a los barracones donde estaban recluidos los presos; permaneció allí, absorto, durante un cuarto de hora, con los ojos cerrados y las manos unidas sobre el regazo. Antes de reanudar el recorrido, se acercó al patíbulo de hierro donde ahorcaban a los prisioneros y besó uno de los palos. Acto seguido, entró en el contiguo bloque número 11, donde murió asesinado el franciscano conventual Maximiliano Kolbe, que sacrificó su propia vida en favor de la de un padre de familia seleccionado por represalia para morir de inanición en la «celda del hambre». Francisco bajó solo a su celda, donde aún son visibles los grafitos que los presos hicieron en las paredes, y se sentó a rezar un buen rato. Aquel silencio me impresionó. Era un silencio lleno de respeto por quienes perdieron la vida en el campo y por quienes, a pesar de haber sobrevivido, llevan en el alma su marca imborrable.

Si por una parte subsiste el deber de contar qué pasó, por otra comprendo a quienes acercándose a estos lugares de muerte prefieren guardar silencio. En esos momentos es difícil encontrar las palabras idóneas, porque, a pesar de que dejar tu testimonio es positivo, también es posible compartir el silencio.

213

En una calurosa mañana de finales de mayo de 2021 participo en la audiencia general de los miércoles, que se celebra en el hermoso patio renacentista de San Dámaso, en el Vaticano, pues a causa de la pandemia de la COVID-19 solo se permite el acceso a un número limitado de personas. Me asignan un asiento en las primeras filas. Me han puesto al corriente de que cuando acabe podré saludar brevemente al papa. No espero nada en concreto: recuerdo la primera vez que vi a Juan Pablo II en Polonia, su silencio, y estoy convencida de que esta vez será más o menos igual.

El papa Francisco hace una breve catequesis sobre la oración. Creo que sus palabras se ajustan a lo que viví en el campo:

—Hay una contestación radical a la oración —dice— que deriva de una observación que todos hacemos: rezamos, pedimos; sin embargo, a veces parece que nuestras oraciones no son escuchadas.

Así sucedió en Birkenau, pienso. ¡Cuántas oraciones de los deportados no fueron escuchadas!

—Lo que hemos pedido, para nosotros o para los demás —sigue diciendo el papa—, no se cumple. Es una experiencia que se repite. Si además el motivo por el que hemos rezado era noble (como puede ser la intercesión por la salud de un enfermo, o para que cese una guerra), el incumplimiento nos parece escandaloso. […]. Si Dios es padre, ¿por qué no nos escucha? Él, que ha prometido el bien a sus hijos, ¿por qué no responde a nuestras peticiones? Todos hemos rezado por la enfermedad de un amigo, de un padre o de una madre que nos han dejado. Dios no nos ha escuchado.

Mientras escucho al santo padre, pienso en la verdad que contienen sus palabras. A menudo, Dios no responde a nuestras súplicas. Me ensimismo en el dolor de los millones de personas asesinadas en los campos. Muchas eran personas de fe que le rezaron a Dios y a las que nadie escuchó. Me gusta que el papa no dé respuestas: tanto si nos gusta como si no, el silencio de Dios permanece.

La audiencia sigue y las palabras del papa se traducen a otros idiomas; luego llega el momento de los saludos. El santo padre se dirige a las personas de las primeras filas y las saluda una a una. Con algunas se entretiene unos instantes. Cuando llega delante de mí, lo miro, pero no sé qué decirle porque no hablo italiano. Una persona a mi lado me presenta y le resume mi historia. ¿Qué podría decirle? ¿Qué me gustaría

215

que supiera? Acuden a mi mente las palabras de la señora Piatkowska: «No te avergüences de tu tatuaje, deja testimonio de quién eres, habla de ti». Llevo una camisa de manga larga, azul con topos blancos, que me cubre los brazos. Instintivamente, me arremango la manga izquierda y le muestro al papa Francisco mi tatuaje, el 70072, ese que contiene toda mi vida.

Espontáneamente, el papá hace un gesto que nunca olvidaré: se inclina y me besa el número que, aunque ya han pasado setenta y siete años, sigue recordándome cotidianamente el horror que viví. Ni una palabra, como durante su visita al campo de Auschwitz; solo ese gesto espontáneo, instintivo y afectuoso, que le devuelvo abrazándolo antes de echarme a llorar.

Tengo que admitir que el beso del sumo pontífice me da fuerzas y me reconcilia aún más con el mundo. El papa Francisco y yo nos entendimos con la mirada, no había nada que decir, no había necesidad de hablar. El número con el que me marcaron de niña, en cuanto llegué al campo, el número que mi madre repitió durante años con la esperanza de encontrarme, ha sido bendecido con un beso del santo padre. El mal puede convertirse en bien, en luz para los hombres. Ese número es la prueba de que algo terrible puede convertirse en luz para los demás. Ese es el mensaje del beso del papa Francisco.

Puede parecer extraño, pero no sé odiar. Sé que si odiara sufriría aún más, mucho más que la mayoría de los que contribuyeron a mi infausto destino. Estoy convencida de que también debo mi salvación a una fuerza extraordinaria que desde arriba veló por mí; si me salvé, si esa fuerza me permitió sobrevivir, no fue para que respondiera al odio con más odio, sino para que dejara testimonio de lo que fue el mal y para que muestre que el bien siempre puede triunfar.

Viví, durante muchos meses, algo inconcebible. Por eso cuento mi historia, para que se sepa que lo imposible puede hacerse realidad. Mi objetivo no es solo hablar de lo que pasó, sino también de la paz, que a pesar de todo puede triunfar

217

y afirmarse. Por el bien, por esta paz que después del campo por fin alcancé, es por lo que cuento y hablo. Si no transmitiera un mensaje de paz, traicionaría mi misión.

Pasé en el campo mucho más tiempo que ningún otro niño. Muchos de mis compañeros no sobrevivieron. Yo sí. Mi misión es, pues, ser su voz y decir a todo el mundo que debemos estar alerta para que no regrese la oscuridad, para que las madres no vuelvan a llorar a sus hijos y para que nadie tenga que ver cómo asesinan a sus padres y a sus seres queridos.

He escuchado más de una vez el testimonio de Liliana Segre. Me identifico con ella cuando cuenta la anécdota del comandante del último campo, cuyo nombre no recuerda. Dice de él que era un SS cruel, duro e inflexible, tal y como su credo le dictaba, como tantos a los que yo conocí. Cuenta que antes de la fuga de Birkenau, cuando los rusos estaban a punto de llegar, ese hombre, como todos los soldados alemanes, depuso las armas y se quitó el uniforme para volver a casa

y sostener más tarde que era ajeno a los crímenes de guerra. Segre, que se había alimentado
de odio y de sed de venganza, lo había perdido
todo, había sido testigo de violencias inauditas,
del odio y del mal absolutos, soñaba con vengar-
se. Cuando vio la pistola del SS a sus pies, pensó
en aprovechar la oportunidad y cogerla para matarlo. Le parecía el final irremediable para aquella
historia. Cuenta que fue una enorme tentación
que duró un instante, pero entonces comprendió
lo que yo también comprendí: ella no era como
aquel asesino. Ella había elegido la vida y por
ningún motivo podía matar. No cogió la pistola, y se convirtió en la mujer libre y de paz que
es ahora. Me siento muy cercana a ella porque
yo también decidí no cultivar el odio ni la venganza, y seguir siendo yo misma: una mujer que
solo quiere amar.

Atrás queda aquel tiempo, hace casi ochenta
años, aquellos días de 1943 en que me transpor-
taron a Birkenau en un vagón para ganado y me
encerraron en un campo de exterminio. Nunca

aprendí a odiar y sigo sin saber hacerlo. Quien odia sufre mucho más que quien es odiado, pues a menudo este último no sabe que lo odian. Quien odia, en cambio, es consciente de ello, y el odio solo trae muerte, destrucción personal y colectiva.

El odio es un sentimiento destructivo. No crea. Y el mundo necesita crear, no destruir. La historia está llena de grandes personajes que trabajaron para el bien: Jesús, Buda, Gandhi, Martin Luther King o la madre Teresa de Calcuta; personas que han aportado mucho a la humanidad a cambio de nada.

El odio destruye.

Mi tarea, en cambio, es amar y hablar de la luz que, a pesar de la oscuridad, nos envuelve y no nos abandona.

Agradecimientos

*E*ste libro nació el 26 de mayo de 2021 cuando, por sorpresa, al final de la audiencia general de los miércoles, el papa Francisco besó el número que los nazis le tatuaron a Lidia Maksymowicz en el brazo, en 1943, poco después de ser hecha prisionera junto con su joven madre en el campo de Birkenau. El primer agradecimiento es para él, que también tuvo a bien aumentar el valor de este libro gracias a su breve introducción.

Obviamente, un agradecimiento especial a Lidia, que aceptó contar su historia por primera vez, y a Anna, que tradujo con paciencia nuestras largas conversaciones, así como a Renata, que me ayudó a hablar con Lidia tanto en Cracovia como en Castellamonte, cerca de Turín.

Lidia debe su participación en la audiencia a la asociación Aps La Memoria Viva, de Castellamonte. La asociación, que desde hace tiempo se ocupa de la recuperación de la memoria histórica con un enfoque abierto a nuevos temas y reflexiones, realizó un espléndido documental dedicado a Lidia: *70072: La bambina che non sapeva odiare* (70072: La niña que no sabía odiar). Este libro se inspira en él. Doy las gracias a toda la asociación —a Elso, a Felicia, y en especial a su presidente, Roberto Falletti—, porque sin su ayuda este libro no se habría escrito.

Un gracias muy especial a Jadwiga Pinderska Lech, que, como presidenta de la Fundación de las Víctimas de Auschwitz-Birkenau y directora de la editorial del museo Estatal de Auschwitz-Birkenau, es la voz de los supervivientes. Sin ella, sin su paciente lectura del borrador, este trabajo no habría visto la luz.

También debo agradecerle al profesor Ugo Rufino, director del Instituto Italiano de Cultura en Cracovia, el valioso interés que ha dedicado a este libro.

Por último, gracias a las personas que me han apoyado en estos últimos meses: en primer lugar, a mi familia, y a mi agente, Vicki Satlow, que creyó en esta historia desde el primer momento, y a Michela di Solferino, que me ayudó a mejorar el texto.

Gracias a todos.

PAOLO RODARI

223

Este libro utiliza el tipo Aldus, que toma su nombre
del vanguardista impresor del Renacimiento
italiano, Aldus Manutius. Hermann Zapf
diseñó el tipo Aldus para la imprenta
Stempel en 1954, como una réplica
más ligera y elegante del
popular tipo
Palatino

La niña que no sabía odiar se acabó
de imprimir un día de primavera de 2023,
en los talleres gráficos de Liberdúplex, s. l. u.
Crta. BV-2249, km 7,4. Pol. Ind. Torrentfondo
Sant Llorenç d'Hortons (Barcelona)